创业推手

全球领军孵化器模式创新与实践经验

付嵘 陈桓亘 等著

Startup Launchpad

The Exploration and Experience From World Top Accelerators

西南财经大学出版社

中国·成都

图书在版编目(CIP)数据

创业推手:全球领军孵化器模式创新与实践经验/付嵘等著.—成都:
西南财经大学出版社,2023.1
ISBN 978-7-5504-5186-5

Ⅰ.①创… Ⅱ.①付… Ⅲ.①企业孵化器—企业创新—研究
Ⅳ.①F276.44

中国版本图书馆 CIP 数据核字(2021)第 240884 号

创业推手:全球领军孵化器模式创新与实践经验
CHUANGYE TUISHOU:QUANQIU LINGJUN FUHUAQI MOSHI CHUANGXIN YU SHIJIAN JINGYAN
付 嵘 陈桓亘 等著

策划编辑:周晓琬
责任编辑:周晓琬
责任校对:肖 翀
封面设计:冯单单
责任印制:朱曼丽

出版发行	西南财经大学出版社(四川省成都市光华村街 55 号)
网 址	http://cbs.swufe.edu.cn
电子邮件	bookcj@ swufe.edu.cn
邮政编码	610074
电 话	028-87353785
照 排	四川胜翔数码印务设计有限公司
印 刷	四川新财印务有限公司
成品尺寸	165mm×230mm
印 张	12.25
字 数	170 千字
版 次	2023 年 1 月第 1 版
印 次	2023 年 1 月第 1 次印刷
书 号	ISBN 978-7-5504-5186-5
定 价	52.00 元

编写与顾问团队

陈桓亘　付　嵘　杨婉娟　罗浩天
肖　瑶　肖静雯　郑顺锋　王　丰
冉心竹　刘质颖　刘江玥　康　越

▶▶ 推荐序

　　我既是两位作者的博士生导师，也与他们是多年的挚友，十分高兴看到这本关于创业孵化器的著作出版。我对西南财经大学西部创新创业研究中心同事们的辛苦付出和孜孜以求的工作表示欣赏。随着创新性质的不断变化，孵化器及其提供的支持服务也必须改变。本书对于国际领军孵化器案例的剖析和评述，一方面向我们证明了巨大的、多样性的创造力是创新的源泉，另一方面也定能启发和帮助大家理解孵化器如何成功地帮助初创公司充分利用新兴经济市场和时代提供的独特机会。

　　以创新为驱动力的创业型经济（innovation-based entrepreneurial economy）有其自身特点（文化构成、产业基础与技术革新等）。其中创业孵化器既是创业型经济的基础载体，也是区域创新生态的重要构成部分。大家熟知的创客运动，最早始于美国，联邦政府出台了多项法案为创新创业提供资金支持，这些支持就是通过孵化器来协同实现落地的。本书采编的部分孵化器来自美国，我走访和调研过其中的大部分，深切地体会到"创业孵化器"作为重振美国制造业和经济创新的重大载体所发挥的作用和功能。这些孵化器各有特色，它们并非孤立存在，而是与其所在的社区、所在的产业深度融合。这种机制加速了内外部各种创新创业资源的集聚，成为更大的创新生态系统的重要部分。据我所知，中国在"双创"战

推荐序

· 1 ·

略驱动下，各种形态的孵化器数量已经位列世界第一，足见中国对孵化器在创新生态中作用的重视。我们有理由相信，中国新一代年轻人的企业家精神将会被更好地激发以及"孵化"。

这本书为理解孵化器和创新生态的本质提供了一个恰当而有用的视角。创业孵化器，作为创业经济的重要驱动力和载体，具有自组织、开放性、共享性等一系列特征。本书能够帮助读者了解不同孵化器的形态和类别之间的区别与联系，理解这些特征，并且知道它们不是由单一要素构成的系统元素。一个孵化器，除了空间场地、基础服务等标准配备，它还需要配置精细全面的创新创业服务来吸引创业者。在这个过程中，孵化器实际上发挥了资源配置的作用，同时帮助创业者去验证创业过程中最重要的要素资源是什么、关键决策是什么。

本书的价值还在于，展现了这些孵化器的优势与劣势、突破与局限、坚守与迷茫。对于创新要素的不同理解和选择常常会孕育出不同模式的孵化器，这点书中有详细的剖析和解答。但从另外一个角度来思考，只有同时能深刻理解创新要素资源和创业者需求的创新型孵化器，才有可能在创新浪潮中探索出可持续发展的真实路径。书中展现的孵化器的模式与经验，是中国和世界构建创新生态和创业型社会所需要的。

展望未来，孵化器管理应当充分借鉴开放式创新管理的新理念和新方法，摸索出一套适合自身发展的管理模式。最后，我要为西南财经大学西部创新创业研究中心的师生们鼓掌，希望你们有更多更好的研究，为社会创新和中国创业型经济发展，乃至世界性的社会难题提供你们的洞见和方案。

杰弗里 A. 罗宾逊 教授

美国罗格斯大学城市创业与经济发展中心主任

►► 前言

　　在全球创新创业浪潮背景下，新经济企业创新速度比以前更快，创新能力比以前更强，创新更具有可持续性等特点。在加强经济和社会发展的增长动力过程中，全球涌现出了一批专注于孵化初创企业和创新项目的国际组织，例如：美国国家企业孵化器协会（United States National Business Incubator Association）、英国企业孵化组织（United Kingdom Business Incubation）、欧洲商业与创新网络联盟（The European Business and Innovation Network）等。如今，企业孵化器为中小企业的创新创业提供了有利平台，同时持续激发、带动创业和就业的潜能。这些现象和变化，让我们对于孵化器的模式和创新形态产生了浓厚的兴趣。本书以案例形式系统分析了当前全球领军的孵化器，以图填补该领域案例研究的空白，并对孵化器以及创新生态与知识经济的进展和共融进行了分析。

　　本书对孵化器的定义为：一个有形的商业和创新中心，旨在通过支持初创企业和它们的业务发展以及现有的中小企业来实现经济发展。具体而言，孵化器在人才联系的有效性、技术转让与组织的有效性、资本流动系统和创业人才善用等方面体现为一个专门知识团体形态。需要强调的是，因为对创新的定义繁多，所以在评估什么是创新时，最好使用尽可能广泛的定义。这里，我们可以说，创新是为特定用途而应用的新事物。那么如

前言

· 1 ·

果是这样，任何使用创新的人都会在引入创新的过程中感受到一种附加价值，这种附加价值可以通过多种方式来衡量，而不仅仅体现在财务方面。

创新意味着对现实的深刻理解和高度的创造力。需要实践者去理解事物是如何运作的，实际上缺少什么以及如何改进它们。也需要运用创造力和想象力去创造、探索和发现用户认为具有附加价值的新奇事物，从而为他们提供一个更广阔的（即使不是全新的）市场，从而突出创新和企业家之间现有的联系。

早在 1934 年，奥地利经济学家约瑟夫·熊彼特（Joseph Schumpeter）——第一个提出经济周期中创新重要性的经济学家，就提出了企业家精神，并特别强调了创新。在他看来，创新涉及新产品、新的生产方法、新市场、新的组织形式。

实际上，自 20 世纪 70 年代改革开放以来，创新和创业已经深深根植于中国的现实国情之中。一方面，创业的基本概念、创新和孵化的相关术语开始获得普遍认可和共享；另一方面，当将这些概念付诸实践行为时，基于不同区域的发展现实，我们开始考虑不同的需求和背景，以提供不同的答案满足不同的需要。就"孵化"概念而言，其本质指的是一个支持企业家发展业务的过程，创新的概念并没有被考虑进去，因为创新和创业其实是两种独立的现象，尽管在很大程度上这两种现象是交织在一起的。现实中，对企业家的定义也不尽相同。一个极端定义认为，企业家是"任何个体经营或经商的人"；而在另一个极端定义中，企业家是"率先改变的人"。笔者认为，孵化的过程，或者它的一部分，在于培养未来企业家的思考能力以及帮助其进一步发展商业理念，并将这些思考和理念转化为一个可行的和可持续的活动。

我们可以把孵化的过程看成一个三段模型：

前孵化阶段。这个阶段主要涉及如何支持潜在企业家和创业者发展其商业理念、商业模式和商业计划的整体活动，以增加有效创业的机会。这个阶段通常意味着对想法的第一次评估、培训和一对一的直接协助，使创业者们具备写一份完整的商业计划书的能力。大学附属的孵化器、创业中心或学院通常是前孵化器，也就是为处于创意的前期孵化阶段的企业服务的。

孵化中阶段。这个阶段孵化器的关注重心从创业开始阶段转移到拓展阶段，处于该阶段的企业家需要一系列支持。一般来说，这是一个中期过程，通常持续到新成立公司发展的第三年。在这三年里，新企业为了迈向成功，为了获得机会发展成为一个完全成熟的公司，寻求的孵化支持通常是获得资金、直接指导服务、托管服务以及特定培训。

后孵化阶段。这个阶段强调的是对达到成熟期的公司提供的支持。在某个时间节点，如果企业已经被物理孵化成功，公司将离开孵化器。不过这些中小企业可能仍然需要各种服务，例如增加销售额或改进生产过程，又如提供国际化服务或引进创新拓展事业线，这些就是后孵化阶段的支持。国际上，定位为"后孵化器"的孵化器有时会更名为"加速器"（accelerator）。

本书中为大家列举的孵化器案例，在上述三个阶段，都有典型代表。例如，Techstars 因其特有的股权返还担保模式在行业中处于全球领先的地位，其公司座右铭"给予为先（giving first）"被广泛学习借鉴。Y Combinator（YC）以小额投资大量初创公司而闻名。有趣的是，另一孵化器 Anglepad 因其少而精的项目常常被称为"anti－Y－Combinator（YC 对立者）"。

根据孵化器创立的主要动因，本书将孵化器分为自发型孵化器和支持型孵化器。自发型孵化器是指由私人（或天使投资人）基于自身信念而自主创办并经营的孵化器，主要代表有 Techstars、Y Combinator 等。而支持型孵化器则是指那些具有机构或组织的资源支持的，由企业、政府或高校主办的孵化器，如 SkyDeck、Wayra。

另外，即使同为政府资助的孵化器，它们之间仍有不小差异，如俄罗斯的 IIDF 和智利的 Start-Up Chile。IIDF 聚焦于推动俄罗斯本土的初创企业，而 Start-Up Chile 所推动的初创企业大多来自国外。其他非政府孵化器，如 SeedCamp 和 TURN8，也各有地域侧重性，前者关注欧洲，后者关注中东和北非地区。

虽然许多成功的孵化器都享有国际知名度，但较为有趣的是类似

Founders Space 这样的孵化器在中国比在美国本土热度更高。500 Startups 提倡多元化，不仅创业者和初创公司表现出多元化的特征，投资者亦是如此。SOSV 热衷于参与社会创业项目。作为企业创新者的 Wayra 专注于促进具有潜力的初创企业与其创始公司 Telefónica 合作。Coplex 专注于协助企业分拆高增长部门作为新公司。Amplify. LA 倾向于早投资，通常会成为初创公司的首个投资者。书中为大家介绍的孵化器大多专注于以软件为主的技术创新公司，但也包括了关注硬件领域创新的 AlphaLab，以及涉及教育产业和国际贸易的 Educators Park。

值得注意的是，本书中许多孵化器并未对它们所加速的初创公司进行股权投资，但各有一定的盈利模式。例如，DreamIt Ventures 保留了在未来几轮投资中的折价权；由大学赞助的 SkyDeck 允许其他基金进行投资，该基金将利润的 50% 捐赠给大学；Plug and Play 和 Y Combinator 并不持有股权，只是对初创公司进行投资；MassChallenge 的独特之处则在于，尽管它并未获得任何政府机构的支持，但仍然在非营利模式下运作，并在竞争机制中发放现金奖励。

需要指出的是，本书缺乏跨案例的分析与比较，以及缺少与现有文献的对话。希望在后续的研究中，能够深入进行跨案例比较，进而发现规律，指导实践，做出理论贡献。我们期待本书能激发读者探究创新生态和孵化器群落的兴趣。孵化器/加速器从业人员可以从案例中学习实战经验和教训；专业教师可以将案例用于课堂教学；政策制定者、认证机构、专业支持机构和投资机构可以从书中发掘识别和评估优秀孵化器的要素。

感谢参与此书编写的西部创新创业研究中心的同事们和同学们的不懈探索和辛勤工作，没有他们锲而不舍的坚持，本书就不可能问世①。

最后，希望本书中的案例能给予读者启迪，使其有所收获。

付嵘、陈桓亘

西南财经大学西部创新创业研究中心

① 本书的出版受国家社会科学基金项目（19XGL004），中央高校基本科研业务费专项基金专著出版资助项目（JBK2204004）的资助。

▶▶ 目录

引子：
孵化器的实质
——创新生态

一、孵化器是什么

1. 孵化器的概念

按照中华人民共和国科学技术部对孵化器（incubator）的定义，科技企业孵化器（含众创空间等，以下简称孵化器）是以促进科技成果转化、培育科技企业和企业家精神为宗旨，提供物理空间、共享设施和专业化服务的科技创业服务机构，是国家创新体系的重要组成部分、创新创业人才的培养基地、大众创新创业的支撑平台。同时，科学技术部从孵化器认定、申报和管理等方面对其定义进行了完善。该定义更多是从政策视角来表述，以用于政府管理和评价，强调孵化器的规范、资质以及提供公共性服务的功能。而本书更多是从市场视角出发来给出孵化器的定义，强调孵化器的实质和功能，即孵化器是介于市场和企业之间的，致力于连接创业者、初创团队和投资人等创新变革者，并打造创新生态的主体。它通过提供场地、共享基础设施、培训和咨询服务、融资和市场推广等，为具有市场潜力的新兴项目或初创企业提供支持，以降低创业风险和创业成本，并提高企业的成活率和成功率。

孵化器的出现往往伴随着另一个名词——加速器（accelerator）。通常意义上，加速器是孵化器的一种特殊形态，二者主要的差别在于：加速器的服务对象更多是处于孵化后期的企业，而孵化器更多针对处于初创期的小企业。加速器的功能和目标更加侧重于帮助企业突破瓶颈期，提供市场化服务，加速企业成长。由于本书对孵化器的界定也更加强调市场角度，因此就本书而言，孵化器与加速器是相同的概念。如书中介绍美国孵化器Techstars 时，就尊重其原本加速器的叫法，但与孵化器表达同种意义。本书后面所说的孵化器皆以上述概念为准，与中国科学技术部所给相关定义无关。

伴随着新技术产业革命的兴起，孵化器这一新型社会经济组织于 20 世纪 50 年代发源于美国。1959 年，美国人乔·库曼（Joe Cooman）首次提出了孵化器概念，并在纽约成立了第一家孵化器。发展到 20 世纪 80 年代中后期，孵化器已在美国大量涌现，欧洲各国也纷纷开始创立企业孵化器。2005 年，Y Combinator 在美国成立，现是美国最具代表性的孵化器，也是全球顶尖的孵化器之一。目前，虽然孵化器层出不穷、各具特色，但美国的孵化器仍主要以由 Y Combinator 首创的"投资+孵化"模式为主。Y Combinator "投资+孵化"的商业和运营模式推动了孵化器的发展，开启了现代孵化器的新模式。在 20 世纪 80 年代，孵化器这一新形式也传入了我国。1987 年 6 月，"武汉东湖新技术创业者中心"宣告成立，标志着中国第一家企业孵化器诞生。1988 年 8 月，中国开始实行"火炬计划"，该计划专门为发展中国高新技术产业而设立，而建立孵化器是该计划的重要内容之一。可见，我国早已接纳并重视这一新的组织形式的发展，而且在政策上给予了相应支持。如今，在"大众创业，万众创新"的背景下，我国的孵化器已处在市场化、产业化的阶段。

2. 孵化器的特征

作为一个新的经济组织形式，孵化器具有五个特性：商业性、创新性、多元化、共享性和专业性。

第一，商业性。这里的商业性是针对孵化器所承接的项目来说的。孵化器所孵化的项目是定位于创业的，即要求项目本身具有可以变现的想法或产品，并以项目持续盈利为基本出发点。也就是说，自身不具有商业价值或其创立原因并非追求商业价值的项目，不是孵化器所面向的对象。需注意的是，孵化器本身并不一定要营利，全球也有许多非营利性的孵化器，如伯克利大学孵化器 SkyDeck。

第二，创新性。孵化器是创新生态的建设主体，倡导创新应该无处不在，而创新本身也是孵化器中最普遍和永恒的话题。首先，从创新的要素来看，创业者是创新的人力资源要素，前沿的科技是创新的技术要素，天使投资人等投资者是创新的资本要素……而连接各个要素的桥梁便是孵化器。其次，孵化器也始终坚持着对创新的追逐。精益创业之父史蒂夫·布兰克（Steve Blank）把创业公司定义为寻找可持续商业模式的临时组织。就像科技研发一样，研究团队利用实验室设施、要素，通过夜以继日的实验，寻找一个可验证的结论，而创业者们就在孵化器和真实市场中反复迭代，寻找出可行的商业模式。这便是企业创新的过程。

第三，多元化。孵化器往往是多元化的。首先，从孵化项目的行业来看，虽然一些孵化器在行业选择上有所偏好，但大部分的孵化器愿意接纳来自不同行业的创业项目，它们更加看重的是商业价值。例如，Amplify. LA 在社交、移动通信、互联网消费、SaaS（软件即服务）和数字媒体等多个领域均有涉猎。其次，从孵化团队或创业团队成员构成来看，不少孵化器都鼓励性别、民族等方面的多元化，不论创业者的出身，每一个独立的个体都可能成为创新的主体。例如，以多元化作为其战术之一的 500 Startups 就认为，"一个伟大的创始人可以有不同的肤色、性别和国籍"。因此，在他们的孵化项目中，有 45%的创始人是少数族裔。来自智利的致力于构建拉丁美洲创业生态系统的 Start-Up Chile，有为女性创业者打造的专属加速器计划，以倡导多样性。来自西班牙的 Wayra 也重视女性创业。除了项目和团队的多元化外，孵化器还鼓励文化多元化。例如，来自美国迈阿密的 Educators Park，他们除了鼓励性别等的多元化外，还鼓励观点多元化，鼓励促进文化交流与融合。

第四，共享性。共享的最直接价值便是节省成本，即规模效应。我们可以很好地理解办公场所、基础设备设施等硬件的共享能直接地节约创业成本，但这仅仅是共享性中很小的一部分。除此之外，市场资源、特色活动、创业氛围，以及创业中可能遇到的障碍等"软件"的共享才是更为重要的。就如之前所说，孵化器是连接创业者、投资者、风投基金公司等创新者的桥梁。它在集合初创团队的同时，也吸引了众多关注创新创业的导师学者、天使投资者、追求创新突破的传统企业等，这些都是孵化项目在市场开发时可以共同利用的资源。此外，每一个孵化器往往都提供许多特色活动，例如 Techstars 的创业周末、500 Startups 的小酒馆、AngelPad 的晚宴等。这些活动吸引各方创新人士参与，各类创新信息等资源便可以在各色活动中得到"发酵"，实现共享。众所周知，创业是非常困难且艰辛的。而见证了一批批初创企业的成败与兴衰的孵化器，更易看清创业道路上的"坑"。他们积累、总结的经验，打造的可能会用到的工具性资源是对创业团队最重要的支持之一。许多孵化器在这方面都做得非常好，如 Coplex 出版的关于业务发展、创新战略等的电子书、白皮书。创业氛围的共享也是重要的内容。创业者所遇到的困苦往往不被一般人理解，他们是孤独的。而孵化器将多个创业团队聚集起来，虽然处于理性竞争的氛围中，实则也为他们提供了交流的平台，使彼此获得心理上的支持与陪伴。通常，孵化器团队还会打造自己的校友社区，成功的校友通过博客、讲座等形式为孵化学员讲述自己创业的心路历程，给正在创业初期的学员们分享各种经验等。可见，硬件资源与软件资源的共享是孵化器的特征，也是其重要价值所在。

第五，专业性。成熟行业的分工一定具备其专业性，而孵化器的专业性却往往被忽视。孵化器的专业性即指基于创业项目，孵化器辅助创业团队进行价值创造的专业能力。其专业性主要体现在导师团队资源、加速体系及课程上。各孵化器都配备了自己的导师团队，一些孵化器采用一对一的导师负责制，以期更有针对性地为创业团队提供专业支持，如AngelPad。而另一些则采用自由请教、多次顾问服务等形式。此外，孵化器大多具备自己的一套加速体系或加速课程。例如，Techstars 三段式的加速体系，详细地计划了加速期间每个阶段的培训主题和任务。再比如，来自俄罗斯莫斯科的 IIDF，打造了一套弗里初创企业计划，面向不同创新主体，提供包含产品管理、业务跟踪等多个创业相关的主题课程。

3. 孵化器的误区

为了避免读者混淆孵化器与其他组织的概念，下面将简单地从四个功能性身份出发，对孵化器概念进行进一步的介绍和界定，并与市场上其他经济组织形式进行区分。

（1）联合办公空间

联合办公空间是为入驻团队或企业提供共享空间的平台。其主要强调办公场地、基础设施设备等硬性资源的共享。这种组织模式现多受到转型中的房地产企业的关注，它们利用自身地产资源搭建平台做运营商，以"办公室短租"等业务为主打产品。虽孵化器也具备联合办公相同的功能，但并不代表二者可以等同。例如，从本书对孵化器的概念界定中可以看出，孵化器的功能和服务绝不局限于空间和设备的提供。

（2）商业资源载体

孵化器亦具有商业资源载体的功能。它连接多方创新主体，聚集商业资源。不论是作为创新人力资源的创业团队，或是作为知识性资源的专家学者，还是提供金融资源的风险投资方等，都在孵化器汇集，但这并不等同于说孵化器只是核心资源、要素的简单集合。

（3）供需对接平台

孵化器也是一个具有供需对接功能的平台。当商业资源在孵化器载体上聚集，孵化器则自然地与新兴产品和服务相连接，同时也与众多天使投资人、风险投资公司、追求创新解决方案的企业连接。对于投资方来说，它们寻求具有市场价值的新兴项目来进行投资，而资金短缺也往往是许多初创企业在创业路上面临的一大困难。因此，作为各方资源载体的孵化器便可以有效地促成这一对供需的对接。此外，对于追求创新解决方案的企业来说，它们渴望发现能够解决现有问题的新产品和服务，而孵化器所孵化的初创企业正是新产品和服务的潜在供给方。因此，孵化器也有利于初创团队进行市场开发，而苦等创新突破方案的企业在此也更易寻得有效解决方法。但同样地，这并非表明孵化器只是促进供需对接的平台，它仍兼具着其他多项功能，如项目的加速孵化等。

（4）非企业服务机构

对孵化器不甚了解的人可能会将企业服务机构与孵化器等同，但二者是具有实质性区别的。企业服务机构更多强调为企业发展提供支持性服务，如提供法律、财税服务等。在我国，工商服务机构有大量注册企业的信息资源，从而有些服务机构也可能自建或承接了一些所谓的"孵化"服务。但工商、税务、财会、法律等服务本质上与孵化是无关的，这些都可以在市场购买。而孵化器所提供的创新生态，以及共享和供应的各类软性资源和服务往往是市场上购买不到的。

二、创新生态是什么

1. 创新生态的内涵与外延

创新生态是企业、高等院校、科研院所、政府、金融机构、中介服务组织等各个创新主体通过协作，实现创新因子的有效汇聚，跨越技术与信息壁垒，进行的人力、技术、信息和资本等创新要素的深入整合，从而实现系统性非线性效用的价值创造过程。基于以上定义，我们可以深度挖掘创新生态的内涵与外延。

创新生态的内涵：创新生态是一个完整的循环链条或系统，系统内部各个组成部分密不可分。创新生态由五大部分组成：创新要素、创新主体、创新协同、创新动能与创新支撑。在完整的供需要素集聚的基础上，产业内各个创新主体通过特有的创新模式进行沟通协作，最终实现价值共同创造。

创新生态的外延：创新生态实际上是关系的集合，为各主体的创新活动提供一个大平台，呈现了社会整体创新水平的运行状态，是企业端、高校端、政府端等一揽子活动的外延与交互。

2. 创新生态的五大组成部分

（1）创新要素

创新要素包括人才、资本、技术、信息等。创新要素的聚集是创新诞生的基础源泉。创新要素的聚集包含两部分含义：

一是创新要素的聚集是创新诞生的前提。区域创新要素的集聚主要受区域经济增长极的极化效应影响。极化效应将促使各种人才、资金、信息等发展要素不断向增长极集聚，直到增长极不能带来超额收益为止。因此创新要素的集聚需要一定的经济基础，区域内的经济需要具备一定的引领性。除此之外，市场引导也会引起要素集聚，因此必须在充分考虑市场的供给与需求基础之上，引进具有持续生命力的创新要素，并不断培育创新要素诞生的土壤。

二是创新要素的有序高效流动是创新发展的关键。资金流、人流、物流、信息流等创新要素的有序高速流动是提升区域创新活力的关键。在封闭的区域里无法实现与外界的充分交流与共同协作，因此必须促使创新要素流动。创新要素流动包含两方面：一是有序流动，二是高效流动。市场之间的要素相互流动必须是有序且高效的，一切阻碍有序高效流动的藩篱都必须破除，从而营造创新要素自由快速流动的发展环境。

（2）创新主体

创新生态必须由各个创新主体之间的协作构成，创新主体的核心是企业，高等院校、科研院所、政府、中介服务组织、金融机构、最终用户等是重要组成部分，各自发挥重要作用。

企业作为技术创新的实施主体，在创新生态系统中处于核心位置。高等院校和科研院所作为原始创新的主体，是创新生态系统人才流、技术流的源泉，能直接参与新知识和新技术的创造研发、传播、应用，凸显较强的"溢出效应"。政府作为制度创新的主体，可有效发挥宏观调控、法规监控、政策引导、财政支持、服务保障等作用，并提供优良的政策环境、资源环境、法律环境，对创新生态系统中的创新活动进行扶持与推动，而且创新生态系统中的其他创新主体和创新活动均受政府政策影响。中介机构作为创新服务主体，能为创新主体提供大量社会化、专业化的技术咨询服务，起到明显的沟通、整合作用，尤其能推动创新知识传播、技术扩散及科技成果转化。金融机构作为创新投入主体，是创新生态系统中创新资金的提供主体。最终用户形成的需求常常表现为直接驱动企业创新的动力。

（3）创新协同

创新协同的本质是合作和知识（思想、专业知识、技术）分享机制。创新协同是将资源和要素有效汇聚，通过突破创新主体间的壁垒，充分释放彼此间人才、资本、信息、技术等创新要素的活力，实现深度合作，推陈出新，达成目标或解决问题。要实现合作与构建创新分享机制，必须打破合作壁垒，合作壁垒的打破除行政因素外，关键是市场因素，市场因素的核心在于找寻合作的利益驱动。因为创新协同的三种驱动力是科技、市场、文化，核心动力是市场需要。企业对多元化技术的需求，加强了企业与技术创新源——高等院校、科研院所的合作，推动了创新协同的实现；市场运作机制是创新协同的前提条件，同时是促进创新主体合作的外在动力；创新协同不仅需要科技、市场的外部驱动，而且需要文化的内部驱动，文化是一种无形的、软的驱动力，影响着各个合作主体进行深层次的合作。各个创新主体对协同文化的共同认可是合作的精神内核。

创新协同又分为产业体系创新协同与区域创新协同。

一是产业体系创新协同。党的十九大报告提出，着力加快建设实体经济、科技创新、现代金融、人力资源协同发展的产业体系。产业体系创新协同应从振兴实体经济、依靠创新驱动、更好发挥金融和人才作用等方面发力，着力点应放在实体经济上。依靠创新，让"老树发新芽"，助"幼苗成大树"，即让传统产业换发新活力，助推新产业、新模式、新业态蓬勃发展。我国高铁成功实现从追赶到引领，也是源于官、产、学、研之间的高度创新协同。

二是区域创新协同。区域创新协同不仅指科技创新协同，还指包括微观层面的要素"新组合"、中观层面的结构优化、宏观层面的制度创新在内的多层次创新协同。区域创新协同是以实现区域协同发展为目的，突破发展壁垒，推动要素和结构进行"新组合"，形成区域发展新格局。区域创新协同要坚持整体性（目标的统一性和功能发挥的整体性）、开放性（打破各种壁垒）、结构性（促进要素整合和结构优化）、集成性（按照集成创新的理念，对跨界的生态建设、交通、产业、城镇、公共服务及社会保障政策进行有机衔接和优化整合）。推进区域的创新协同，可借鉴已有区域创新协同发展的先进经验：三个环节、四个协同。注意把握好"三个环节"，即找准制约发展的障碍或"短板"、发现潜在利益和合作空间、整合资源集成创新；努力实现"四个协同"，即推进理论创新与实践创新的协同、顶层设计与基层摸索的协同、高端协调与地方作为的协同，以及政府与市场的协同。

（4）创新动能

促使区域创新的动能分为政策引导与市场驱动。前期动能一般是政府政策驱动，从而积累前期创新资源，形成初始创新原动力。

核心动能是靠市场激发创新内在动力。市场不仅为城市的创新方向提供了指引，也为产业转型升级提供了压力与动力。城市"创新基因"所带来的活力，其实就是围绕着优势产业所产生的区域市场要素资源的集聚。当市场对创新资源的配置发挥决定性作用时，创新动能才会被不断释放出来，从"追随者"到"引领者"皆是如此。

市场又从供给与需求两方面影响创新发展。第一是供给方面，创新要素供给，激发创新动能。加强供给侧结构性改革，进行供给侧创新，打造经济新动能。第二是需求方面，满足市场需求是创新的最终目的和价值实现。创新技术和创新项目的研发动机是满足一定的需要，因此创新技术或项目的市场前景至关重要。新型研发机构的风生水起，缘于以市场力量激发出的产业与学界间的"乘法效应"，市场带来开放式创新，但势单力孤的创业企业想要站得更高，也需要产业孵化和创新创业服务，帮助它们建立起市场资源与信息通畅的"渠道"。而对于大企业来讲，同样需要基础能力的"输出"出口，仅靠市场"散点式"的"碰触"，效率不高。

（5）创新支撑

一是政府政策支撑。加强政府政策对创新发展的支持力度。政府的政策引导往往是前期创新要素集聚的动能。政府的政策从以下方面进行支撑：财税政策，聚焦减税降费，降低引进企业或引进项目的运营成本；补贴政策，鼓励招纳人才；市场监管，加强社会信用体系建设，营造公平的市场环境；创新创业鼓励政策或补贴政策，鼓励区域内个人、企业或组织进行创新活动。

二是创新服务支撑。政府或者中介服务组织为创新活动的顺利进行提供服务性活动。第一，政府服务。比如，政府通过简政放权释放创新创业活力，进一步提升企业开办便利度；优化服务便利创新创业，开放双创平台，为双创活动的顺利展开提供绿色通道；提供人才后续留育服务，完善落实人才落户、人才公寓、子女入学等一系列政策。第二，中介组织服务。中介服务组织为创新活动提供了便捷的服务，比如，各类专利申请中介服务组织、创新类中介组织在创新活动中发挥着重要作用。

三是科技金融支撑。科技创新能力的提升与金融政策环境的完善是加快实施自主创新战略的基础和保障，促进科技和金融结合是支持和服务经济发展方式转变和结构调整的着力点。这不仅是中国应对全球性金融危机的现实选择；更是面向未来提高自主创新能力，实现经济社会可持续发展，建设创新型国家，增强国际竞争力的重大战略。

四是创新创业载体支撑。创新创业载体平台是指一系列的孵化机构和众创空间等。单一的企业或个人的创新活动在面对市场冲击时抵御能力较弱，而一个良好的创新平台，能实现创新活动的有效集聚，形成集聚效应，因此应不断加强各类创新平台的建设、打造与做大做强。

五是创新氛围的营造。文化和环境会影响一个人的行为。创新氛围和创新文化是创新活动产生的软性基础，受良好的创新氛围或创新文化影响的地区更容易产生创新性的活动。创新文化与环境需要长期的营造与孕育，通过一系列鼓励创新、宣扬创新的正面政策引导与文化宣传，才有利于形成允许犯错、开拓进取的创新文化氛围。

创新生态传导机制循环图如图1所示。

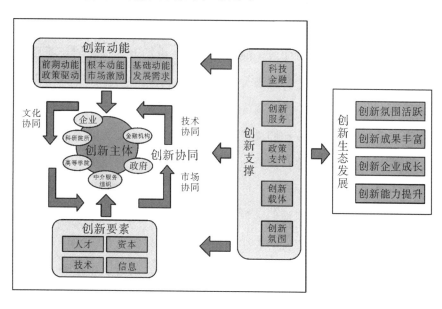

图1　创新生态传导机制循环图

3. 创新生态的基本模式

从总体层面来看，创新生态是五大组成部分的有机融合和循环。无论是产业层面还是区域层面，创新生态的形成离不开五大组成部分——创新要素、创新主体、创新动能、创新协同与创新支撑。在具体打造层面，需要注意两点：一是培育创新生态的五大组成部分，五大组成部分都至关重要，区域或产业层面可以通过检验，查找缺失环节和部分，并极力发展缺失的重要环节。二是五大组成部分的良性互动。除了在创新协同部分需要各个创新主体或区域进行创新活动的协作，在打造创新生态的同时，也需要充分实现五大组成部分的有机连接。例如，创新要素的简单填充并不能引致创新活动，需要各个创新主体实现创新要素的充分运用，发挥各要素的最大效能，才能引致创新活动。从功能层面来说，可以依据产业功能区的具体情况，研究出适宜产业发展的创新生态特色模式。

三、孵化器的形成

1. 自然的形成过程

孵化器的形成并非是人为刻意打造，而是在不同主体的需与求中自然形成。首先，对于投资者而言，他们不断地在市场上寻找着创新项目，并对它们进行判断、选择，最终进行投资，这一系列的动作往往会花费投资者大量的心力。但由于物理距离等多个因素，投资者对项目的信息可能难以获得全面的认识，导致他们最终的投资判断并不一定能够为他们带来收益。此外，投资者通常会对投资项目的团队或业务进行培训，而培训的内容总是相似的。对不同项目进行同样的培训，会导致重复用功，降低了效率。而对于创业者来说，他们常常在孤独的创业路途中苦于没有伯乐，他们最期望的东西正是投资者的关注和培训，却总是没有机会和渠道去接触投资者。在这样的背景下，投资者们萌生出想法，为什么不把创业团队聚集在一起呢？由此，将创业者们汇聚在一起，为他们提供服务或投资的经济组织形式才出现，孵化器应运而生。

Techstars 便是这样诞生的。在 21 世纪初，著名的创业倡导者大卫·科恩（David Cohen）对投资环境抱有不满。创业团队分散在美国各地甚至多国，作为投资者的科恩认为这将影响投资者做出判断。因此，他才萌生了将创业团队集合在一起的想法，并与其余三位投资人布拉德·费尔德（Brad Feld）、大卫·布朗（David Brown）和贾里德·波利斯（Jared Polis），一起创立了 Techstars。

Y Combinator 的产生也很偶然。Y Combinator 的创始人保罗·格雷厄姆（Paul Graham）和杰西卡·利文斯通（Jessica Livingston）是一对夫妇。杰西卡认识保罗之后，原本在投资银行的营销部门上班的她对手头的工作逐渐丧失兴趣，反而在与保罗的交往中迷上了创业圈。随着美国金融泡沫的破灭，银行业日趋萧条，于是杰西卡在兴趣的驱动下转而向一家风险投资公司投递了简历。在面试和等待录用通知的日子里，保罗都会在晚餐时间和杰西卡交流风投行业那些事。他们探讨着早期初创公司融资的艰难现状，讨论如何能让创业团队更容易得到资金支持等。就这样，日复一日，没等到应聘的风投公司的回音，他们自己对创投行业的各种想法却变得越发清晰。一天晚上，在保罗"自己开创风险投资公司"的提议下，他们说服另外两位志同道合的朋友，共同创立了 Y Combinator。而 Y Combinator 分批资助创业团队的模式，最初也仅因为创始人们皆没有天使投资的经验，他们希望通过此种方式学习如何成为投资者。而后分批资助产生的良好效果，才使得 Y Combinator 确定了这一投资形式。因此，可以看出，孵化器的建立及其内部运行的机制并非刻意为之，往往是自然而然形成的。

在这一经济组织形式出现并在美国形成良好创新效应后，许多国家的政府才关注到孵化器带来的效应并在国内提倡建立孵化器。中国科技部在对孵化器进行界定的时候，强调资质、考核标准等，为促进孵化器的发展亦出台多条补贴政策……但最初的孵化器一般是在市场中自然形成的。

2. 孵化器说

孵化器虽并不一定是以营利为目的，但依然适用市场上通用的规则。因此，孵化器也面临着生存问题。孵化器存在的价值是什么？为什么开始？如何营利？如何选择创业团队？这些都有关孵化器生存的问题。

促进创新，帮助初创团队壮大常常是孵化器一开始的初心。Y Combinator 的创始人保罗认为，最成功的创始人，其创业的动机往往并非金钱，而是真正对要做的事有强烈的兴趣。保罗认为，这一原则也可以延伸到投资领域。比如，促使 Y Combinator 启动的原因很简单：如果 Y Combinator

在企业创业早期阶段帮助创业者，那么可能会有更多成功的初创企业。他们的目标是创造一个能让创业团队专注于构建产品和与客户交谈的环境。基于对此的热情，Y Combinator 专注于帮助创业团队提高自身价值，并相信金钱等其他的东西自然也会随之获得。此外，Y Combinator 认为孵化器的价值可以通过其帮助的初创企业的数量和帮助的次数体现出来，这两个数量越大，那么 Y Combinator 的价值也将会越大。

对于营利问题，不同孵化器的营利模式各有不同。Techstars 将为每个团队提供上限为 18 000 美元的资金支持以及各类资源支持和信贷补助等，而创业团队将给予 Techstars 6% 的股权作为交换。与此同时，Techstars 还以 10 万美元预订创业团队在下一轮融资后的股份购买优惠。他们要求初创公司无论在下一轮融资中获得多高的投资，在计算 Techstars 的股份时只能按照最高 300 万美元的估值来确定。Y Combinator 虽将创业者的利益放在自身利益之前，但他们也认为自己的业务是营利性的。他们的营利模式是对创业团队进行小额投资，换取被资助公司的少量股份。来自洛杉矶的 Amplify. LA 则会用 5 万~15 万美元购买初创公司 5%~15% 的股份。虽然这只是几个例子，但自 Y Combinator 开创"投资+孵化"的新模式后，这一营利模式成为孵化行业的主流。

最初，在寻找和挑选创业团队上，孵化器相对被动，它们需要自行去发现或邀请优秀的创业团队入驻。例如，Y Combinator 刚起步时，推出了自己的网站进行宣传，邀请创业团队加入他们的"夏季创业计划"。发展至今，成功的孵化器已有了各自的标准和流程，他们偏好不同领域或具体业务，但都试图找到最具潜力的团队。例如，Techstars 有着严苛的挑选标准，他们重视创业团队的综合素质，会考量成员的专业技能、产品的成熟程度等多个方面，录取率不到 1%。AngelPad 则重视每一份申请，创始人会亲自审核，并亲自面试感兴趣的创业团队。

3. 创业者说

有效的孵化器为入驻团队提供业务咨询和管理帮助。他们帮助创业团队实现两个目标，一是获得一个经过验证的市场机会，二是创造能够有效抓住机会的产品和服务，使客户群体愿意为之付费。可以说，孵化器的直接受益者当数创业者们，而从孵化器毕业的创业者们往往给予其正向评价。

将初创公司从"想法"阶段转向实实在在的公司，是一段充满障碍的旅程。曾入驻 500 Startups 的 RealtyShares 的创始人和首席执行官纳威·阿斯瓦尔（Nav Athwal）认为，创业孵化器是创业路上宝贵的工具，它可以用来提高公司长期生存的概率。经过孵化器流程，他体会到专注于创建一个可持续发展的公司对初创团队的好处。首先，人脉资源是入驻孵化器的重要收获，"孵化器允许新来者与那些有能力帮助他们发展业务的个人建立联系。你上商学院时，不只是因为你要学的东西，更因为你能遇见一些人"。孵化器还提供了筹集资本和进入下一阶段增长的能力。在与孵化器一起度过的时间里，纳威团队能够测试初创企业的商业模式，并找出哪些是有效的，哪些是无效的。除此之外，纳威团队也收到了一些非常有用的建议，关于如何以尽可能透明的方式建立公司，同时保持最高的合规标准等。纳威认为，作为孵化器的一部分，他们可以更好地塑造一个健康的企业，并以恰当的速度持续扩大规模。在他看来，对于那些有好想法但缺乏资源和技术的新人公司来说，加入任何一家真正成功的孵化器都是明智之举。来自 AngelPad 的学员埃迪·西格尔（Eddie Seagal）也同样感叹孵化器的伟大。他在计划中获得了真正一对一的指导、前所未有的投资者访问机会以及庞大的校友资源，资源和多样的支持使初创团队感到更加安全。与此同时，孵化器也让初创团队们在失败中挣扎，经历成长的痛苦，最终将其"鞭打"成应有的样子。虽然在这里只呈现了两位创业者对孵化器的看法，但他们的评价是较为典型的。大多数创业者都曾表示在人脉资源、业务指导等多个方面得到了来自孵化器的实质性帮助，自身价值得到提升。

创业者们能够在孵化器中保持对业务的专注并加速发展、增加融资机会、接触行业领导者和导师、享受低成本创业空间和设备资源、获得合作伙伴、获得专业资源和网络资源以及提高团队士气等。同时，创业者应认识到，进入孵化器程序固然是令创业团队值得骄傲的事，但正如纳威所说，创业者们不能沉迷这一荣耀中无法自拔，而是应当充分利用孵化器，准备好全身心地沉浸其中，接受建议，同时保持自己的目标和愿景。

4. 天使投资者与孵化器

天使投资者是创业生态系统中重要的组成部分，是构建和发展孵化器的重要角色之一，他们都想要帮助羽翼未丰的初创公司取得成功。

大多数的孵化器其实也扮演着慷慨的天使投资者的角色，他们对初创团队的投资往往远超过获得的回报，但这并不代表他们等同于天使投资者。孵化器为初创团队提供的资金通常较少，他们更多提供具有结构性的资源、工具和平台等服务。天使投资者则是个人投资者或个人投资者团体，他们为创业者提供种子资本和各种各样的建议，往往以一种非结构化的方式帮助他们的投资组合公司。虽有不同，但帮助初创公司成长是两方共同利益之一。此外，孵化器孕育着大量优秀的初创公司，这对天使投资者来说是一个潜在的高质量投资供给池。因此，孵化器和天使投资者往往有密切联系。

正如来自纽约布法罗大学的校长兼天使投资者伍迪·马格德（Woody Magde）所说，天使投资者通常在一个企业的早期阶段进行投资，因此，他们和孵化器的密切合作具有巨大价值。他认为，孵化器无论是在运营设施还是虚拟环境方面，都为初创公司提供着一套有针对性的服务和价值网络，这使得入驻孵化器的初创团队的成功概率（五年后仍在经营）得到显著提高。某种意义上说，这也代表着天使投资者在其中能够提高自身投资的成功率和收益。孵化器的模式也为天使投资者节约了挑选成本。正如前文所提到的 Techstars 的创立故事一样，科恩正是基于"投资环境对投资者来说存在不便"的现状，才萌生将初创公司集合在一起的想法。孵化器将分散在各地的优秀创业团队聚集在一起，并以"演示日"或如 Amplify. LA

式的"一对一会谈"等形式连接天使投资者和创业项目，将创业项目清晰呈现，天使投资者便不必再四处奔波。这为天使投资者节约了时间成本等，也有利于他们深入了解创业团队的项目信息。

对于孵化器为初创公司提供的资源，天使投资者也同样认为是有价值的。VC颠覆资本（Disruptor Capital）的首席执行官皮特·斯奈德（Pete Snyder）在采访中提道，像孵化器一样将人们联系在一起并创造着创业文化的社会资本在创业经济中是重要的。在他看来，初创公司在从想法到变成真正的经济引擎的过程中触动了很多人，他们的发展和壮大是由创业团队、天使投资者、管理团队和客户群体共同培育形成的。因此，在创业初期拥有一个合适的环境对创业者来说是重要的。皮特认为，创业者需要导师和创业社区中的人，他们曾经在那里做过相同的事情，能够帮助和引导下一代创业者。皮特在采访中回忆自身经历时说："我很有创造力、有想法，但没意识到我还是企业家。幸亏有像吉姆·金赛（Jim Kinsey）、史蒂夫·凯斯（Steve Keyes）、泰德·莱昂西斯（Ted Leonsis）和马里奥·莫里诺（Mario Morino）这样的人铺平了创业的道路，如果不是因为他们创造的这个巨大的创业生态系统，我永远不会进入创业的领域。"因此，现如今，作为天使投资者的他鼓励和建议创造一个人们趋之若鹜的创业生态环境，这对创业团队实现梦想至关重要，而孵化器的实质便是创新生态。

第一章

自发型孵化器

第一节　Techstars：无处不在的创新力量

┌─ ■ABOUT ──────────────────────────────────┐

　　Techstars 由大卫·科恩（David Cohen）、布拉德·费尔德（Brad Feld）、大卫·布朗（David Brown）和贾里德·波利斯（Jared Polis）四位投资人于 2006 年联合创立。Techstars 在以"give first"为首的七大价值观引领下，打造以分段学习为体系，以导师制和小班制教学为驱动的加速器计划，为孵化公司带去高质量的支持与服务。他们拥有顶尖的创业社区和资源，吸引着全球各地创业者申请，申请成功率不到 1%，媲美常春藤名校。目前，Techstars 已经成长为美国久负盛名且最具竞争力的孵化器之一，成为孵化器行业当之无愧的领头羊。本章相关资料引用自 Techstars 官网：https://www.techstars.com/。

└───┘

一、肩负使命，引领创新 ├─────────────────────

1. 创立故事

21 世纪初，美国逐渐从破灭的互联网泡沫中复苏。在相对稳定的大环境下，全球闻名的创业倡导者大卫·科恩成功地进行了几次天使投资，但他却对投资环境感到不满。科恩认为，投资者对分散在美国各地甚至多国的潜在目标公司的判断会受到物理距离的影响，这将是推动创新发展的障碍。因此，他萌生了将初创公司集合在一起的想法，而 Techstars 便是实现这一想法的成果。于是，由大卫·科恩、布拉德·费尔德、大卫·布朗和贾里德·波利斯四位投资人联合发起的 Techstars，于 2016 年在美国科罗拉多州博尔德市成立。Techstars 着力构建了一个公司网络，从单纯加速一批初创企业发展到倡导"创业无处不在"的文化。时至今日，Techstars 已经发展到全球各地，遍布 6 个大洲，在 30 余个城市布局有加速器项目，业务涵盖 AI 机器学习、区块链、教育、能源等 24 个行业领域。根据 2016 年莱斯大学、麻省理工学院和里士满大学联手对世界上的创业孵化器进行每年一次的排名，Techstars 与 Y Combinator 等另外 8 家孵化器位列最高的白金等级。可见，Techstars 已成为当之无愧的孵化器行业领头羊。

2. 打造科技生态系统

自 2006 年发展至今，Techstars 的目标早已不是简单地将初创公司集合起来，以方便投资者进行判断和提高初创公司成功融资的可能性了，创建一个多元化、兼具公平性和包容性的科技生态系统成为 Techstars 的最新任务与使命。自 2015 年以来，Techstars 基金会一直致力于通过投资和加速支持非营利组织，使创新创业更具包容性，为被低估的企业家带来有益的影响。此外，他们提出以下七个倡议：公布多样性统计数据、授权 1 000 名多元化首席执行官、倡导有色人种填补自身开放式董事会席位、建立更多样化的领导和管理团队、保障员工间公平以及通过 Techstars 对黑人企业家进行投资。

3. 坚持价值观引导

Techstars 坚持七大价值观引导。第一，相信企业家可以改变世界；第二，相信合作推动创新；第三，相信伟大的想法可以来自任何地方；第四，给予为先（give first），尽可能帮助他人，不期望具体的回报；第五，尊重他人，致力于建立一个包容性的工作环境，尊重世界各地人民和文化的多样性；第六，诚实、正直行事，努力做到清晰透明；第七，开始一场创新创业运动，助力来自全球的创新者，点燃全球信息经济。

二、久经验证的加速模型

1. 加速概况

Techstars 加速器计划是一个久经验证的孵化模型。每年，Techstars 将在世界各地运行大约 45~50 个加速计划。有些是城市项目，会深度融入当地创业生态系统；还有一些计划是与大公司合作，提供深厚的行业专业知识和机会。经过严格的筛选，Techstars 将选择超过 500 家早期公司加入加速器计划，以帮助它们将有创意的想法扩展为蓬勃发展的业务。加速器计划为 1 年 2 期，一般将为入选的初创公司提供为期 12 周，即 3 个月的孵化服务。Techstars 的加速器计划已在全球六大洲布点，拥有 40 余个加速项目。Techstars 已为 2 379 个初创公司提供加速服务，其中 85.8% 的业务成功变现或被收购，投资基金高达 114 亿美元，市值高达 323 亿美元。

Techstars 加速器唯一的目标便是帮助创业者取得成功。在每一个为期 3 个月的计划中，Techstars 将有针对性地为初创公司配置最好的导师，并给予相应的企业合作伙伴、投资者和校友网络。除此之外，他们还将为初创公司提供融资筹款的计划和多场研讨会。在 Techstars 加速计划中，创业团队随时随地都可以与同行交流创业中的困扰和经验。此外，成功被选入计划的初创公司将可获得 Techstars 的实践指导以及终身访问 Techstars 网络的权限。曾参与 Techstars 加速计划的学员洛丽丝·邵（Lori Shao, Finil 公司的 CEO）表示："我们的每一个投资者，都是通过 Techstars 认识的。没有 Techstars，我们就不会筹集到任何资金，也不会雇佣我们今天拥有的 14 名员工。基本上，没有 Techstars，Finil 仍然只有我。"

2. 加速器体系

Techstars 加速器为分阶段的学习体系。在第 1 个月，每个计划的 10 家公司通常会与来自 Techstars 网络的 100 名导师见面，并进行匹配。随后，创业团队将在该月被要求关注目标消费群的培养；第 2 个月，初创团队将致力于完善产品和服务，专注于制定和实现各自的关键绩效指标，准备进行业务验证；第 3 个月，创业团队将深入准备他们公司故事的讲述，练习如何向投资人展示自己的项目、传达愿景以争取到投资；最后，初创团队们将在演示日（demo day），面向天使投资人和风险投资公司，进行业务的讲演以期成功筹款，完成毕业。截至目前，所有从 Techstars 加速计划毕业的创业团队的市值已高达到 294 亿美元。在第一次融资项目中，参与计划的初创公司平均可得到 100 万美元的投资资金。

除了日常的学习，在参与加速计划期间，每一个初创团队都将进行许多其他形式的学习活动。比如，初创团队将得到与客座导师和投资者共同办公的时间，参加由行业专家举办的包括招聘、营销、技术和产品等主题的研讨会和大师班，以及进行密集的演讲练习。此外，Techstars 还会举办成功的连续创业者的经验分享会，他们将诚实地谈论自己的经历，创业团队将学到在网络上学不到的经验。特别地，针对不同的创业团队，Techstars 还将提供不同的、有利于帮助该团队推进业务的其他活动。这些活动都是根据每个项目中创始人和创业公司的需要而专门策划的。

3. 商业盈利模式

对于通过筛选的创业团队，Techstars 将投入自己的各种资源进行支持，同时也获取利益。在投入方面，Techstars 将为每名成员提供 6 000 美元的现金，每个团队获得资金上限为 18 000 美元。计划还将提供办公场地、10 万美元的可兑换票据、30 万美元以上的现金等价物托管、会计法律支持以及价值100 万美元以上的信贷补贴。此外，在 3 个月的加速期中，10 余名导师的倾力指导和 Techstars 的投资者网络也是 Techstars 投入的重要资源。而作为交换，孵化公司将给予 Techstars 6% 的股权。同时，Techstars 将用 10 万元预定公司在下一轮融资之后的股份。并且，他们要求无论初创公司在下一轮融资中获得多高的投资，在计算 Techstars 的股份，公司只能按照最高 300 万美元作为估值来计算，以保证 Techstars 优惠占股的权益。值得一提的是，Techstars 提供股权返还担保，即在孵化公司对合作不满意的情况下，他们将进行股权返还。Techstars 是孵化行业内唯一做此担保的企业。

4. 申请与筛选

Techstars 每个项目的申请开放时间为 3 个月，每年提供 6 个项目。从理论上说，若申请者对每个周期的项目都感兴趣，则在 1 年内可进行 6 次申请。申请结束后，Techstars 的工作人员将亲自对申请进行大约 7 周的审核，花充足的时间更多地了解团队、市场、进度和想法。在此期间，创业团队可以在官网选择非常了解团队业务的顾问、导师或其他个人请求推荐，但并非必需。Techstars 将在申请截止之日起的 8 周内通知最终接受的初创公司。在对公司进行筛选的过程中，Techstars 有着严苛的挑选标准。他们重视创业团队的综合素质，会全面考量团队成员的专业技能、产品和服务的成熟度以及商业模式的可行性等。正如科恩所说："我们正在寻找能够克服建立伟大企业所必经的障碍的伟大企业家。在申请的面试访谈中，我们希望了解你，为什么你认为你的团队比其他公司具有十分突出的优势。Techstars 想看看你过去取得了什么成就，团队在一起多久了，你们合作得有多好。我们希望你突出自己长处的同时，也对自己的短处保持坦率。我们不指望你知道一切。"除此之外，Techstars 拒绝接受拥有自主生物技术的公司，以及餐饮、咨询或本地服务类型的公司，亦不太可能接受由单一创始人创办的公司。

顶级的创业资源和优异的孵化成绩使得 Techstars 成为众多创业者想要前往的加速营地，但从往年的申请情况看来，Techstars 的申请成功率不足 1%，竞争尤为激烈，难度堪比申请入读常春藤名校。

三、完善的内部机制

1. 小班制教学

Techstars 的每一个孵化项目都采用小班制的教学模式以保证孵化的质量，这也是其申请成功率低的直接原因。在 Techstars，每一个计划的孵化数量控制在 10 个左右。这使得 Techstars 能够悉心为每一个初创团队提供支持，并提供定制化的学习活动或课程，努力满足创业团队各方面的需求。这样的小班制教学也造就了 Techstars 孵化的初创公司的高存活率。正如科恩所说："我们每期只扶持 10~12 家公司。因为我们没有精力扶持更多的公司，我们所有的精力都花在扶持的质量上。我们要做的事不是看着某些公司成功，而是要身体力行地确保我们扶持的每家公司都能获得成功"。

2. 导师制驱动

导师是 Techstars 的重要组成部分。他们将导师划分为两个群体：首席导师和导师。而二者的区别在于时间承诺，而非提供帮助的能力。首席导师将对指导的初创团队花费更多的时间和精力，而导师则只需尽其所能给予帮助即可。在加速计划开始的第 1 个月，Techstars 就会为每一个初创团队配置 3~5 个首席导师。在这一个月，创业团队将和导师共享工作空间，和导师们待在一起，随时汇报项目进展和遇到的问题。因此，这一个月也被校友们称为"疯狂"导师时间。Techstars 在导师选择中具有主动权，他们不允许导师敷衍指导，要求导师将指导落到实处，全心全意帮助初创公司开发产品、适应市场，并提供有价值的建议，助力其快速成长。

在 Techstars 推崇的价值观下，导师团队对初创团队的态度始终是诚实且直接的。他们反应灵敏、保持乐观、富有挑战精神而又具有同理心。他们言行一致，通常会直截了当地说出真实想法，而在自己不明白时也会直接表达，绝不虚张声势。此外，导师提出的建议应是具有可行性的，对初创公司的业务信息做到保密。同时，导师并不会为所欲为地控制创业团队，而是只做引导。一切最终的决定还是由团队自己做主。

四、多方资源支持

1. "给予为先"的团队

成功的加速器背后往往有一个优秀的孵化团队。在 Techstars 文化价值观的引导下，团队始终坚持给予为先、正直行事和尊重他人三个行为准则。其中，尤为强调"给予为先（give first）"。在日常的工作中，团队会尽可能地帮助他人，做到迅速响应。他们对于给予并没有期望得到具体回报，但在帮助别人的同时他们常常得到他人的帮助。此外，Techstars 团队尊重初创公司的决定，尊重他们否定的权力。如果 Techstars 在筛选公司时发现好的商机而自己无法直接抓住，他们不会摒弃，而是将它们投放至创投网络中与其他加速器或投资者共享。

2. 顶尖的导师团队

Techstars 对导师团队也有着较高的标准，导师必须具有深厚的行业、投资或创业经验。他们将与初创公司无偿合作。在加速计划开展期间，导师应将自己的知识和经验自由地与初创团队共享，进行有针对性的指导。导师们还需参加"导师对导师（Mentor-to-Mentor）"的培训课程，在加速计划开展的第一个月至少参加两次活动，并与初创团队进行亲密互动。而随着加速计划的进行，初创团队和导师的互动将是由初创公司的利益自我驱动的或由总经理指导，建立持久的关系。

3. 创投圈资源

除了与初创公司建立联系，Techstars 也向各大企业、天使投资人开放，力图打造双赢的业务模式。通过打造探路者会员、构建企业合作伙伴关系等业务，Techstars 与追求创新、进行风险资本运营的公司以及专业投资人建立联系，编织了一张创投资源大网。对于加入加速计划的初创团队来说，在 Techstars 社区中将有机会直接与投资者们进行近距离接触，甚至，那些为初创团队提供指导的导师就是国际大公司的高管、风投公司经理或天使投资人。而对于投资方来说，他们可以亲自接触到初创团队，跟上新兴的技术发展趋势，这将有利于他们进行投资判断，与真正有前途的初创公司合作。而从整体来看，这也为持续创新奠定了基础。

五、社区创新计划

打造科技创新生态系统是 Techstars 的目标。而在 Techstars 看来，创新无处不在，但机会和资源却往往并非如此。基于此，为了增加全世界的创业机会，Techstars 启动了社区创新计划。该计划主要包括创业周、创业周末和其他活动。目前，他们已在 150 个国家或地区开展了 7 000 余个社区创新计划，聘选了 1.9 万余位社区领袖，参与创新计划相关活动的人数多达 42.8 万余人。

1. 创业周

创业周是 Techstars 打造的属于社区创业生态系统中的创新者庆典。在创业周里，将有几十场大型的活动，包括开幕式、主题演讲、推介会、欢乐时光活动和闭幕派对等，在支持社区创新的同时也为社区带来富足的精神享受。具体来说，创业周以创新创业演讲和发人深省的圆桌讨论为特色，创业者们可以通过这些活动掌握最新的技术和市场趋势。此外，社区的人们还将与在网络上分享创业精神的人一起参与实践研讨会，感受创新创业的氛围。通过创业周的活动，孤单的创新工作者与志同道合者有了接触和交流，建立了联系，不再孤单。

2. 创业周末

创业周末则是一个为期三天的计划，专为有抱负的创业者们提供体验创业生活的机会。目前，创业周末计划已在数百个城市开展。创业周末计划往往将围绕某个特定的主题或技能展开探讨，这有利于参与者们提高知识技能水平。另外，创业周末往往由一位经验丰富的人指导，进行深度体验式的学习，这将有利于参与者对创新、颠覆和创办公司的真正所需有更深的了解。此外，与创业周相同，参与者通过创业周末计划将与其他同样充满创业激情的人见面交流，从而结识新朋友、导师、联合创始人和投资者，真正开始做一些有意义的事。

3. 其他活动

除了创业周和创业周末，社区创新计划培育出的一批批优秀的社区领袖也利用各自的力量，帮助所在社区的经济复苏并走向繁荣。此外，鉴于世界各地创业社区的新闻、创业活动等数不胜数，Techstars 还策划了创业文摘，以提供最佳的创业资讯。订阅者可以在平台选择自己感兴趣的主题生成个性化阅读列表，形成一套个性化的信息资源。Thrillist 的联合创始人本·勒尔曾评价创业文摘是每个有抱负的创业者都该使用的工具。Techstars 还致力于在全球各地开展创业生态系统发展计划，帮助当地经济快速增长，催化新兴的创业社区。

第二节　Y Combinator：生产与增长的巅峰

╶╶╶ ■ABOUT

　　在不到十年的时间里，Y Combinator 成为美国最成功的启动加速器之一。Y Combinator 以加速大量的初创公司而闻名。他们采取效率最高的定额投资模式，只对每家公司投资少量金额。与其他风险投资者一样，Y Combinator 提供资金和帮助，但是，Y Combinator 帮助的是那些渴望快速成长的企业，让他们通过集中训练，达到最快速的增长。Y Combinator 的资助更像是大学的经济援助，是成长和增长的供给站，为创业公司提供种子资金，并提供战术性的策略计划。创始人的需求通过丰富的在线学习资源以及庞大的人际网络得到很好的满足。本章相关资料引用自 Y Combinator 官网：http://www.ycombinator.com/。

一、给企业以质的飞跃

1. 为未来而建

　　Y Combinator 成立于 2005 年，不同于传统的投资公司，它的总体目标是帮助初创企业快速成长起来，实现腾飞。Y Combinator 在创始人与投资者、收购者之间建立起沟通的桥梁，与初创公司一起研究他们的想法、创意方向，帮助创始人与投资者和收购者打交道，教创始人如何将初创企业推向投资者，以及如何在投资者产生兴趣后完成交易。Y Combinator 不仅提供建议，还提供一定的保护。这是因为潜在的投资者对于来自 Y Combinator 的初创者，会更加负责地进行投资，投资者的行为决定了 Y Combinator 将来是否会继续与他们进行合作。Y Combinator 将初创公司定义为渴望快速成长的企业，这也正是投资者感兴趣的。Y Combinator 的工作就是呈现给投资者这些初创公司如何实现快速增长，虽然在这个过程中有的企业可能会犯一些错误。Y Combinator 的目标不仅是创建一个可以生存数十年的组织，同时希望成为一个富有成效和令人愉快的工作场所。通过明确角色、未来职业发展的机会，Y Combinator 可以更好地团结起来，最终实现他们的使命：与创始人一道，为他们的公司、投资者、员工和社区创造 IPO。

2. 提供免费的在线资源——创业学校

创业学校（Startup School，SUS）是 Y Combinator 为创始人提供的免费在线资源，也是由许多创始人组成的全球社区。在过去几年中，参加创业学校的公司数量有所增加，在最新的 Y Combinator 加速计划中，有 45%的公司都是创业学校的参与者。Y Combinator 推出的创业学校深受创始人的喜爱，该项目拥有丰富的创业资源，并且都是免费的。创业学校开设了如何进行创业的课程和建议，参与者可以通过每周的视频聊天与其他创始人会面，探讨如何发展创业公司学。

除了创业学校之外，Y Combinator 还进一步辅助推出了创业图书馆（Startup Library），馆中囊括了 Y Combinator 过去十几年所有与创业有关的视频、博客、随笔、播客等资源。这些资源涵盖了多个领域，包括但不限于成为创始人、商业模式、公司阶段、产品、技术、市场、社会任务。创始人可以根据自己当下的需求，有针对性地浏览和应用。这些内容构成了创业学校的核心课程，两者的结合将 Y Combinator 的努力最大化地呈现了出来。

3. 推而广之的安全协议

Y Combinator 于 2013 年推出了一个安全协议，主要针对的是企业未来股权的一个简单协议，在那之后，几乎所有 Y Combinator 的初创企业和非 Y Combinator 的初创企业都将其作为早期筹款的主要工具。协议的第一部分是关于预付款安全的，这是因为大部分创业公司在筹集到有价融资之前就已经筹集到了少量的资金。预付款就是将这笔钱提前存入公司，该笔钱的持有者就是该公司的早期投资者。之后，对这个协议内容做进一步的改进和更新，开始采取存款安全协议，即当所有人的钱投入进来之后，衡量存款持有人的所有权问题。这种计算方式对投资者以及创始人都具有一定的优势，能够立即准确计算出公司的所有权的售出能力。同时，创始人也能清楚地了解公司已出售的股权的份额。安全协议的另一个功能是提出了权力比例，原持有人有义务要求公司允许其参与该股权转换后的一轮融资。虽然安全协议推出了新的功能，但是对初创公司仍然重要的两个基本功能是不变的：一是融资高透明度，意向合作的两方可以根据双方提供信息的准确度和透明度促进合作的达成；二是简洁性，作为一种灵活的单文档，无须进行大量的条款协商，可以为初创企业和投资者节省法律费用，并减少谈判投资条款所花费的时间。

4. 持续性基金计划

Y Combinator continuity 是一项投资基金计划，致力于对发展后期扩大规模的创始人提供绝对的支持，主要资助一些校友公司，但是也偶尔支持非 Y Combinator 校友。Y Combinator 向创业公司投入小额的资金，获取一定的股份，帮助企业实现"从 0 到 1"的快速增长。通过最后的"演示日"，创始人可以成功募集到自己的种子资金。此时，已经达到快速发展的企业往往会乘胜追击，进一步扩大公司的规模，不断发展壮大。持续性基金计划就是在帮助创始人筹集到种子资金之后，继续推进运营的一大壮举。一方面，Y Combinator 拥有一定的股权，持续性资助也是对自身的负责；另一方面，这也是 Y Combinator 成立的初心，帮助创始人成功。持续性基金计划拥有丰富的运营计划，为创始人创造机会，帮助他们继续成长并扩大公司规模。Y Combinator continuity 团队还提出了 Y Combinator 成长计划，旨在帮助创始人解决扩大规模的过程中必须考虑的问题，如团队的建立、系统的建立等，同时促进创始人之间相互联系，分享经验和想法。

二、别具一格的"新兵训练营"

外界不少人把 Y Combinator 的资助计划称之为"新兵训练营",这或许并不准确。之所以这样称呼,倒不是真的因为和新兵训练一样苛刻艰苦,而是要求十分严格,因为 Y Combinator 要求加入该计划的所有创始人,在为期三个月的时间里,都必须参与进来。每一家初创公司的创始人在项目的周期阶段,必须搬到旧金山湾区,直至最后一天的"演示日"结束。在此期间,Y Combinator 与创始人密切合作,提供战术性的支持,使公司达到最佳状态。每个周期的"演示日"都是高潮。届时,初创企业将向世界上大多数顶尖初创投资者进行展示。

1. 非正式交谈

Y Combinator 的项目期间,每周会举行一次演讲活动。大多数"演讲者"都是成功的创业公司创始人,演讲内容通常是关于创业公司的一些内幕故事。也会邀请初创公司的创始人、风险投资家和知名技术公司的高管进行演讲。初创公司的内幕故事往往比正式向公众展示的故事更加丰富多彩,这是因为人们在公开演讲中会忽略一些细节,而这些往往是最有趣的部分。基于此,晚会的演讲鼓励非正式会谈,在这种氛围下,内幕故事能够更加自然地传递出来。当然,由于演讲内容具有一定的私密性,Y Combinator 与发言人以及创始人之间都达成了保密协议,不会对外进行泄露。

2. 原型日

原型日大约在加入训练营之后的两周之内举行。在原型日,所有初创企业都会将自己产品的原型展示出来。原型日的设立是为了确保所有的创始人知道其他人在做什么,类似领域的创始人还可以相互帮助。除此之外,这也激发创始人思考,如何展示自己正在做的事情。在此阶段,创始人应该更着重于产品的构造而不是演讲本身。所以他们没有必要花太多的时间在演讲上,也不存在很大的压力,因为除了同一批参与项目的初创公司之外,没有其他人参与原型日。演示日的前一天,还会举办一个"校友演示日"的活动，该活动的内容与原型日相同，但只面向校友，目的是发现并消除每个人演讲中的错误。

3. 一半的工作时间

在这三个月中，创始人每两周要参加一次小组办公时间，并可以根据需要与合作伙伴见面。在 Y Combinator 为期三个月的集训时间里，有一半的时间是参加其组织的一些活动，而剩下一半的时间往往都用在了与初创公司的个人对话过程中。Y Combinator 研发的办公时间软件，可以让创始人根据自己的需求预约他人进行交谈。软件的设计既展示了被约者的时间安排，也便于创始人进行预约。

谈话的内容大多是当前创始人面临的最紧迫的问题，其中大约有 10% 的时间是在讨论公司的愿景问题，这对创始人来说意义重大。愿景是每个创业公司的优势。随着三个月周期的推进，办公时间的讨论开始涉及投资者以及投资公司。所有初创公司会遇到一些共同的问题，例如筹款策略应该是什么、他们应该筹集多少资金、应该从谁那里筹集资金、什么时候开始筹集等，答案取决于启动情况。

4. 演示日

十周之后，举办演示日，所有初创公司都可以向特定的投资者和媒体观众展示他们的产品和服务。在演讲前，创始人和投资者会进行交流，并在演讲后进行深入交流。

三、庞大的人际资源网络

1. 校友价值网络

随着 Y Combinator 陆续为不少创业公司提供资金，校友网络的价值已成为 Y Combinator 所提供服务中越来越重要的组成部分。Y Combinator 校友网络功能十分强大，不仅仅是因为它的规模，更为重要的是网络成员之间的帮助，以及许下的承诺。Y Combinator 在每个训练营的训练期间，都强调合作精神。校友价值网络是合作精神的副产品，创始人之间是最亲密的朋友，就如同在学校一样。最初，创始人使用校友网络是想认识他们想要接触的人，后来，他们逐渐发现自己也是其他人想要接触的对象，深厚的友情也就从那个时候开始建立起来了。

2. 拓展的社交活动

在正式开始 Y Combinator 训练的前一两个星期，Y Combinator 会举办一次聚会，邀请所有的创始人参加，以此来增进创始人之间的了解。这样一来，在正式开始 Y Combinator 训练之后，基于彼此之间简单的了解，创始人可以就相互之间相似的地方进行沟通和交流。在一个培训周期结束后，Y Combinator 还会组织一次团圆饭。因为在那个时候创业者可能开始遇到一些挫折，感到沮丧，他们需要来自团队的鼓励。除此之外，Y Combinator 鼓励创始人自行组织活动，他们也确实经常这样做。Y Combinator 训练结束之后，有几对夫妇组织了定期晚餐，和之前的 Y Combinator 晚餐大同小异。组织定期晚餐的初心在于即使周期结束，创始人还是可以聚在一起，毕竟他们有相似的经历，有很多的共同之处。正如一位创始人说的："自上一份工作以来，我的目标之一就是停止平庸，与比我聪明的人相处。Y Combinator 无疑提供了我所需要的人。"

3. 丰富的人脉网络

在参与 Y Combinator 训练营的过程中，创始人一方面可以通过校友网络获取自己的资源；另一方面，Y Combinator 也会主动寻求并满足创始人的特定需求，它几乎可以为任何创始人提供所需的资源。例如，Y Combinator 与技术界的很多公司都建立了交易关系，致力于为它资助的公司提供优惠的服务，例如，从 Microsoft Azure[①] 的 500 000 美元的云托管信用额度到使用 Optimizely 平台技术 A/ B 测试工具享受六折优惠[②]，等等。同时，为了消除初创公司在使用部分平台公司功能时遇到的困难，Y Combinator

还与大多数平台公司建立了联系，并通过举办活动，与他们进行交流。如此丰富而良好的人脉网络，吸引了很多想与初创企业进行互动的公司加入进来。

四、经营哲学

1. 营造专注的环境

Y Combinator 认为，当创始人将大部分时间用于思考产品时，此时的生产力是最高的。由此 Y Combinator 致力于营造一种专注的环境，帮助创始人专注产品研发，鼓励彼此之间分享想法，模拟用户交谈情景。在这种氛围下，创始人可以更快实现"从 0 到 1"的过程。

2. 给予充分的独立性

对于创业公司来说，拥有一定的独立性是保证其思想活跃的前提，也是他们选择创办企业的出发点，试图对创业公司的行为进行控制往往会导致创业的失败。因此，在 Y Combinator 创始人可以自由发挥，不会受到来自 Y Combinator 的干扰，也不存在管理的困扰、权力的压迫。整个气氛是自由民主的，创始人拥有完全的独立性。作为投资者，Y Combinator 可以提供建议，但绝对不是命令，也就意味着并不要求强制性地采纳和应用其建议。这种灵活性为初创公司的成功提供了保证，也吸引了更多的创始人加入 Y Combinator。

3. 从"批量生产技术"到"批量投资"

批量生产技术作为生产领域的一种方式，对于企业的生产力具有显著的促进作用。Y Combinator 将其运用到对创始人的投资过程中，采取小额批量的方式对他们进行资助。刚开始时，Y Combinator 的创始人对天使投资并不了解。他们认为最快的学习方法是一次性资助几家初创公司，因此 Y Combinator 创建了一个"夏季创始人计划"，同时资助了八家初创公司。但他们很快意识到，分批给初创公司提供资金是一个更好的主意，因此开始每年进行两次为期三个月的计划。这种方式一方面提高了效率，另一方面促进了创始人之间的沟通交流。

4. 不仅仅是投资

对于创始人来说，选择创业的想法是源于内心深处的热爱和追求，渴望将自己天马行空的想法落地。所以最成功的创始人也是最狂热的追求者。拥有财富不是激发他们创业的首要动机，Y Combinator 也是如此。Y Combinator 作为一家初创公司，明白成立一家创业公司的艰辛，仅靠创始人一人之力是很难取得成效的。为了帮助更多的创始人成功，成就更多创业公司，Y Combinator 选择做一个提供指导和帮助的"人"，专注创业，坚守初心。

第三节　DreamIt Ventures：高效与精准并行

■ABOUT

　　DreamIt Ventures（以下简称 DreamIt）成立于 2008 年，目前是全球排名第三位的风险投资公司和企业孵化器。它主要瞄准健康科技、安全科技、智慧城市科技三大行业，关注已有自主产品且具有明显吸引力的初创公司，为进入 DreamIt 项目的初创公司提供多方位、定制化的服务。DreamIt 强调创业流程的高效推进，专注于协助初创公司快速获取客户与资本，通过为初创公司提供投资者、销售渠道、社会网络资源来加快初创公司业务发展速度。品牌塑造、客户冲刺及投资者冲刺项目、实践创业指导构成了 DreamIt 的三大支柱服务。

　　超高的专业度与定制化的服务使 DreamIt 备受初创公司青睐。自成立以来，超过 300 家初创公司参与了 DreamIt 的项目，包括 LevelUp（被 GrubHub 收购）、Trendkite（被 Cision 收购）、HouseParty（被 Epic Games 收购）、Adaptly（被 Accenture 收购）等。目前，DreamIt 投资的初创公司已经筹集了超过 8 亿美元的后续融资，总估值超过 20 亿美元。本章相关资料引用自 DreamIt Ventures 官网：https://www.dreamit.com/。

一、梦想启动：与时间赛跑

　　DreamIt Ventures 专注于已有自主产品的初创公司，以扩展客户与资本为重点，要求初创公司必须在美国特拉华州登记成立股份有限公司（C-Corporation）。当 DreamIt 确定与某个初创公司合作时，DreamIt 团队将为初创公司提供各个方面的测试与指导等服务，为初创公司进入市场，制定定价、销售和增长战略，以及实现更多明确的目标护航。

在初创公司的整个孵化过程中，DreamIt 认为"时间"是初创公司所需的重要资源，因此他们强调高效运作，与时间赛跑，专注于加速获取客户和资本。初创公司可以选择在自己合适的时机随时启动企业增长项目，项目一旦启动，DreamIt 则会带领初创团队高效运作，帮助他们完善模式、获得客户曝光，在投资者面前崭露头角。整个项目为期 13 周，主要包括客户冲刺和投资者冲刺两个阶段。第 1 周项目启动；第 2~5 周进行客户冲刺前准备，第 6~7 周进入正式的客户冲刺阶段；第 8~11 周进行投资者冲刺前准备，第 12~13 周进入正式的投资者冲刺阶段。

1. 客户冲刺阶段

DreamIt 的客户冲刺阶段可以理解为一种以客户为中心的市场开发阶段，为期两周，每年进行四次，分别在一月、四月、七月和十月启动，每次进行两组客户冲刺。DreamIt 团队为了确保能为初创公司成功提供客户，其冲刺的秘诀是"选择合适的人进入项目"，以便创始人构建自己的客户渠道和合作伙伴关系。在进行正式的客户冲刺之前，初创公司需在 DreamIt 的指导下完成客户冲刺前期准备，例如产品的完善、盈利模式的确定等。进入正式客户冲刺阶段后，初创公司被要求必须与 DreamIt 团队一起辗转多个城市进行客户开发。每个初创公司通常会选择 20 名行业领先公司的高级管理者（决策者）每月进行沟通与交流。在与不同客户群会面并建立联系的过程中，初创公司可以更好地了解客户需求、激发开发新产品的创意或调整定价、上市战略等，并且能够增加初创公司自身资源，拓展其行业人脉。数字医疗公司 Somatix 的创始人埃兰·奥菲尔（Eran Ofir，DreamIt 项目参与者）曾评价 DreamIt 的客户冲刺阶段："DreamIt 的客户冲刺能够使我们在了解市场和进入市场方面走捷径，与此同时也会验证我们的价值主张和我们建议的商业模式是不是有效的。"

2. 投资者冲刺阶段

投资者冲刺阶段是初创公司进行融资的重要环节，为期两周，每年进行三次，分别在二月、六月和十一月启动，初创公司可以选择最适合他们的投资者冲刺时机。与客户冲刺阶段相同，在正式的投资者冲刺之前，初创公司将经历一个紧张的准备过程，包括模拟 VC 会议等，以最大限度地提高一轮成功融资的可能性。投资者冲刺阶段正式开始后，初创公司的创始人们将与全美顶尖风险投资公司进行"一对一"会议。DreamIt 还会根据企业所在行业为其提供对口的投资者资源。通常，每个初创公司的创始人会在两周内与 18 名投资者见面，整个过程非常高效。投资者冲刺加快了初创公司的融资进度，使初创公司能够快速获得利于下一轮融资的市场反馈。

二、瞄准三个行业领域

DreamIt 在初创公司的选择上具有明确针对性，他们瞄准健康科技、安全科技和智慧城市科技三个行业，从中选择具有吸引力的初创公司进行投资合作，开展 DreamIt 扩展计划。

1. 健康科技

在健康科技行业，DreamIt 关注数字健康、医疗设备和诊断等领域，拥有丰富的行业资源。比如，就健康科技相关的客户群体来说，DreamIt 与 Penn Medicine、Jefferson Health 等超过 70 个客户保有良好的合作伙伴关系。在投资者资源上，DreamIt 更是与超过 1 000 名风险投资企业维持密切联系，如 GREYCROFT、better ventures、khosla ventures 等。因此，在客户冲刺期间，初创团队将有机会与领先的卫生系统、支付机构、制药公司、医疗器械制造商等客户会面沟通，并获得反馈，拓展其行业人脉。在投资者冲刺阶段，DreamIt 将策划初创公司的创始人与顶级美国风险投资公司和医疗保健公司进行"一对一"会议，有针对性地为企业融资提供资源。

2. 安全科技

在安全科技行业，DreamIt 关注网络安全、反欺诈、风险与合规以及实体安全等领域。与健康科技行业一样，DreamIt 在安全科技行业也具备许多社会资源，客户冲刺合作伙伴超过 80 个，比如，IBM 以及美国规模最大的上市投资管理公司 Blackstone 等都与 DreamIt 有合作关系。在该行业相关投资者资源上，DreamIt 也拥有超过 1 000 名的风险投资者，如 Gulatech Adventure、Fifth Wall 等。因此，在客户冲刺期间，初创公司将与领先企业、科技公司、托管安全服务提供商（MSSP）、政府机构、军方等组织会面交流。在投资者冲刺阶段，DreamIt 则为创始人们提供与美国顶级风险投资公司和以安全为中心的公司的"一对一"会议，使公司能够快速得到市场反馈，加快初创公司融资过程。

3. 智慧城市科技

在智慧城市科技行业，DreamIt 关注房地产科技、建筑科技和智慧城市等领域。同样地，DreamIt 在智慧城市科技行业也有丰富的资源储备，拥有 Greystar、Broolfield Properties 等超过 70 个的客户冲刺合作伙伴，与 Navitas Capital、Shadow Ventures 等超过 1 000 个风险投资企业维持长期联系。DreamIt 将在客户冲刺期给予初创公司相关资源，促成初创公司与领先的房地产公司和建筑公司等会面，促进企业开发与成长。同样地，在投资者冲刺阶段，DreamIt 将会组织初创公司创始人们与美国顶级风险投资公司及专注于城市科技的基金公司进行"一对一"会议，推进企业进行融资。

三、丰富的学习资源

1. 每周一会

DreamIt 每周都会组织初创公司召开例会。初创公司的创始人们会与垂直特定的董事总经理和项目经理会面，一同沟通并制定战略、完善核心业务组成部分、为客户会议做好准备等，确保团队为投资者会议做好了充分的准备。

2. DreamIt dose——博客经验分享

DreamIt dose（梦想剂量），顾名思义，是 DreamIt 团队为创业者们打造的一个补充创业知识营养与能量的计划，主要以线上博客分享的形式，每月至少会有一个博客分享。分享嘉宾皆是具有深厚领域知识或专业经验的人，他们通过博客视频的形式为初创公司提供关键建议，引导初创公司少走弯路，促使他们更快地赢得客户，获取成功。通常，DeamIt 会及时将最新的博客视频或简报呈现在官网上，便于创业者们获取资源。

DreamIt dose 计划主要围绕四个主题进行，分别是商业计划演说（Pitch Decks）、启动策略（Startup Strategy）、筹款与投资者（Fundraising & Pitching）和企业营销（Enterprise Sales）。商业计划演说主题主要为初创企业在客户或投资者面前的汇报讲演进行指导和培训，例如"如何创建具有竞争力和'杀伤力'的幻灯片""怎样及何时进行商业计划演说"等。启动策略主题则主要针对创业初期初创企业可能会遇到的问题与挑战提供建议，如"如何建立早期创业核心团队""启动产品管理的五条规则"等。筹款与投资者部分则主要针对初创公司融资问题展开，过往已进行过诸如"投资者希望创始人知道的五件事""如何与投资者谈论您的退出策略"等的分享。企业营销部分主要面向客户，探究客户开发阶段可能会遇到的问题。例如，"如何确定您与潜在客户第一次会面""如何远程管理和激励您的销售团队"等。此外，DreamIt 瞄准的三个行业也分别有各自的 DreamIt dose 专栏可供查阅浏览。

3. 形式多样的交流活动

DreamIt 经常组织初创企业参与交流活动，主要有线上直播分享与线下活动两种形式。

DreamIt 通常会邀请各行各界的专业人士进行线上交流，平均大致每月组织 3 次，主要采用直播的形式，主要分为采访与实时问答两个环节，每次直播时长为 1~2 小时。在直播结束后，DreamIt 团队将会把每次直播的相关内容整理至 DreamIt Live 官网，供创业者们查看回放。线上分享的主题广泛多样且与时俱进，有以创业挑战、创业建议、创业者心理等为主题的分享，也有与创业相关的最新法案内容或最新行业动态的传达。除此之外，亦有结合当下具体的市场环境对初创企业的指导等。比如，在 2020 年

5月，DreamIt 邀请美国著名企业家史蒂夫·凯斯（Steven Case）探讨了在新冠肺炎疫情侵袭下，业务环境中出现的新机遇以及初创企业面临的风险等。线上分享的活动可以为创业者们提供与思想领袖、企业高管、风险投资者和优秀创业家等交流的机会，有利于创业者们获得关于扩展业务、赢得客户、筹集资金、打造品牌等的独特见解，以更有效地推进公司发展计划。

除了线上直播分享活动外，DreamIt 团队也会组织线下活动。线下活动主要以健康科技、安全科技、智慧城市科技三个行业进行分类，每次活动持续天数不等，多为 1~5 日。线下活动包含两种类型，一类是 DreamIt 作为组织者的活动，他们通常会邀请有兴趣推进行业发展的投资者们进行会面，主要通过博览会、研讨会、演示日、聚会等形式展开。例如，2018 年 11 月，DreamIt 联合 Bisnow 共同举办为期两天的健康科技与智慧城市科技行业创新峰会；2019 年 6 月，DreamIt 邀请来自纽约的网络安全专家、从业者和投资者与安全科技行业的初创公司会面交流的演示夜活动等。

除此之外，DreamIt 还会不定期地邀请初创公司与团队一同到各地参加线下大型活动，初创企业皆可自主报名参加。此类活动通常包括由行业领军人物主导的多场会议和主题演讲、行业最新产品的演讲等，参加行业交流会等活动是初创公司进行学习、了解行业最新动态以及扩展行业网络的绝佳良机。例如，在 2020 年 2 月，DreamIt 的安全科技团队邀请相关初创公司一同前往旧金山参加美国信息安全大会。为期 5 天的大会包括数百场专家会议，有 700 多家参展商以及大量的高水平网络安全交流活动。又如 2020 年 3 月，美国医疗卫生信息与管理系统协会在奥兰多举办的为期 5 天的全球健康大会与展览会，DreamIt 也将作为参会者出席。会议聚集了成千上万的投资者、企业高管和创业者，可以了解医疗保健行业中的重要趋势。

4. 充裕的导师资源——教练与顾问

DreamIt 为健康科技、安全科技和智慧城市科技三个行业都配置了经验丰富的教练和顾问。

教练群体主要由 DreamIt 核心团队成员组成，他们大多都具有经济与管理或与三个行业对口的学科背景，以及与创业相关的工作经历，对各自对应行业的了解全面而深刻。如作为安全技术教练的迈耶·沙基尔（Meyer Shakir），他获得了伦斯勒理工学院的电力工程硕士学位和孟买大学电气工程学士学位，是网络安全和 SIEM 技术领域公认的领导者。此前，迈耶拥有从开发到将创新的网络安全解决方案推向市场的创业经历，现仍运营着一个具有保护家庭隐私等功能的网站，并还在多家公司担任产品管理总监、开发副总裁等职务，不论是在专业学科背景、创业历程还是在行业认知方面都具备丰富的学识与经验。相比于教练群成员的全面性，顾问成员更加强调专业性，主要由行业领域中的专家组成。例如，在健康技术行业，顾问成员包括不同研究方向的医学博士、多家医院的医学中心主任、多个公司的首席执行官或健康创新总监等。教练与顾问群体是 DreamIt 的智囊团，为初创企业业务推动保驾护航。

5. 校友网络——内部社区交流平台

除了综合性的经验分享平台、多样的交流活动以及完备的导师资源外，DreamIt 团队还为各行业打造了专属的内部社区交流平台。社区成员主要来自已经完成 DreamIt 项目的 300 多家初创公司。这些公司已经筹集了超过 8 亿美元的后续资金，总估值超过 20 亿美元。与初入 DreamIt 项目的初创公司相比，他们拥有更多的实操经验。

这庞大的校友网络包括了 100 多家健康科技公司（如 Redox、Eko、Tissue Analytics 等），近 20 家安全科技公司（如 System Surveyor、Hideez、i2Chain 等），超过 50 家房地产和建筑技术初创公司（如 Cherre、Ipsum、Amenify 等）。初创公司们在社区中紧密联系，相互共享资源，以加速增长、有效筹集资金、克服遇到的问题以及更好地满足新客户的需求。

第四节　Plug and Play Tech Center：
创新与未来生态

> ■ABOUT
>
> 　　Plug and Play Tech Center 提供加速器项目、广泛的社交活动、企业创新服务以及内部风险投资。这里汇集了最好的初创公司和全球最大的一些公司，对来自不同国家、不同类型的所有公司进行投资。Plug and Play Tech Center 不向初创公司索要股权，也不对初创公司的发展做出限制性的要求，致力于为来自不同行业的初创企业提供服务，帮助他们获取客户、筹集资金和建立业务。Plug and Play Tech Center 既是加速器，也是投资者，更是创新圣地，一个共同工作的空间……本章相关资料引用自 Plug and Play Tech Center 官网：https://www.plugandplaytechcenter.com/。

一、国际地位

1. 全球影响力

作为一家全球创新型公司，2019 年全球约有 30% 的初创公司参与了 Plug and Play Tech Center 的加速计划，涵盖 1 450 个创业公司，比上年增长了约 30%。Plug and Play Tech Center 以全球化为导向，投资金额逐年增加，美国之外的资助国家比重增加到了 39%。在接下来的十年，Plug and Play Tech Center 准备进一步把影响扩大到 16 个国家，将办事处增加到 30 个，陆续推出 60 多个项目，在全球范围内举办 1 400 多场活动。放眼全球，Plug and Play Tech Center 现已在美国硅谷、中国、德国、新加坡、西班牙等地设有 20 多个分支机构。Plug and Play Tech Center 于 2014 年进入中国，目前已在北京、郑州、苏州、杭州、上海等地设有孵化加速器办公室，并已累计投资孵化超过 40 家中国初创企业。

2. 企业号召力

对于大部分创业公司而言，加入 Plug and Play Tech Center 是一个不错的选择。首先，Plug and Play Tech Center 不向创始人索取股权，不要求参与进来的初创公司放弃任何所有权，并公平地对初创公司进行投资。其次，Plug and Play Tech Center 欢迎发展到任何阶段的公司参与加速器计划，可以是寻求创新的公司，也可以是寻求提升的初创企业，还可以是寻求与优秀初创企业会面的风投公司。Plug and Play Tech Center 帮助初创企业吸引大量客户，筹集资金并建立业务。除此之外，Plug and Play Tech Center 拥有内部的风险投资团队，每年在全球范围内对 260 多家初创企业进行投资，投资金额为 2.5 万~50 万美元。Plug and Play Tech Center 目前已经与全球 400 多家大公司合作，帮助他们发现具有潜力的初创公司，体现出极强的牵引力作用。市场方面，Plug and Play Tech Center 逐步走向国际，在美洲、中东和亚洲设有 26 个办事处，每个办事处都有战略合作伙伴，以及业务聚焦点，可以帮助创始人以前所未有的速度扩展新的市场。同时，Plug and Play Tech Center 拥有世界一流的导师群体——行业内资深专家和领导者，这些导师已经成功建立起自身业务，并希望帮助创始人建立业务。除了商业活动，Plug and Play Tech Center 的社交活动也丰富多彩。在2017 年，仅在硅谷总部，Plug and Play Tech Center 就举办了近 700 场社交活动，活动包括发布会、峰会和主题日，创始人有机会结识志趣相投的人，彼此分享经验。

二、创新的强大后援

1. 创新加速项目

Plug and Play Tech Center 每年在全球多个城市运行 60 多个以行业为主

题的加速器计划，致力于帮助初创企业成长和成功。Plug and Play Tech Center 坚信技术能够使世界变得更美好，应该将有限的时间和资源投入到正在产生影响的企业家身上。自 2006 年以来，Plug and Play Tech Center 一直在加速初创企业的发展，帮助企业客户进行配对，并对其进行投资。Plug and Play Tech Center 创新平台以行业作为项目主题，对初创企业归类以确保初创公司与合作公司建立最有意义的联系。该创新平台同时可以帮助创始人建立客户渠道。Plug and Play Tech Center 创新平台中有 400 多家重要的公司合作伙伴在寻找不同行业的产品和服务，包括金融科技、保险科技、物联网、生命健康等，因此创新平台适合各种规模的公司。Plug and Play Tech Center 的创新平台是寻找大客户的最佳平台。当创始人加入 Plug and Play Tech Center 的创新平台后，即可在一些会议中对自己的产品进行宣传。当 Plug and Play Tech Center 发现创始人的公司与其投资策略相适应时，将会对该初创公司进行 2.5 万 ~50 万美元的投资。另外，Plug and Play Tech Center 与全球许多资深风险投资人保有良好的联系，可以确保创始人能够在合适的时间从正确的人员那里筹集到需要的资金。

2. 合作实现创新

自 2010 年以来，与全球重大企业建立合作伙伴关系已成为 Plug and Play Tech Center 创新平台的基本组成部分。合作伙伴可以访问合格且经过战略调整的早期成长阶段的初创公司。Plug and Play Tech Center 坚持以促进技术进步作为其使命，力图各行业的初创企业成长，这也是 Plug and Play Tech Center 将全球大型公司聚集在一起的最主要原因。加入合作伙伴关系网络，创始人可以获得量身定制的交易流程、加速器程序的决策权，并接触到全球创新技术核心——硅谷。企业要想实现可持续发展，不断进行创新是至关重要的。在大型公司中制定创新策略是一项巨大的挑战，常常会遭遇极大的阻力。而通过 Plug and Play Tech Center 创新平台，大型公司可以直接接触到影响其业务和技术目标的初创公司，从而简化了前期搜寻过程。Plug and Play Tech Center 通过确定合作伙伴的业务挑战，将合适的解决方案直接匹配到初创企业，从而赋予特定业务部门权力。

促进创新的一个很好的办法就是去营造创新的文化氛围，Plug and Play Tech Center 正在促进文化变革。它直接与 C-Suite 合作，帮助企业合作伙伴建立创新文化。这样可以创造更多的交易、更深的参与度以及更好的结果。Plug and Play Tech Center 的企业合作伙伴通过峰会（为期三天的演示日）、选拔日、重点周、行业聚会、导师会和硅谷前哨站来实现文化变革。

作为硅谷最活跃的风险投资人之一，Plug and Play Tech Center 对来自任何国家、任何规模和阶段的初创企业进行投资。Plug and Play Tech Center 通过提供资金、风险投资网络和企业合作伙伴，为初创公司提供绝对优势。Plug and Play Tech Center 每年对 250 多家初创公司进行投资，并与 300 家优质风险投资公司保持联系，确保能找到最好的初创公司。

为了进一步推进合作项目走深走实，Play and Play Tech Center 创办了一个独特的生态系统，形成了一个庞大的资源网络：由 3 000 多家出场公司、500 多家世界领先企业，以及数百家风险投资公司、大学和多个行业的政府机构组成。这一生态系统可以帮助初创公司了解市场动态、商业模式，并提供实践机会。不管初创公司是正在寻找第一个客户还是第五十个客户，又或者是正在筹集种子轮或 C 轮融资，该生态系统都会尽最大可能为其匹配到最佳选择，助推初创公司优化升级。

3. 一揽子创新计划

（1）金融世界的未来——中国和欧洲金融科技的最佳启动加速器

Plug and Play Tech Center 金融科技加速项目于 2015 年推出，已经加速了 200 多家金融科技初创公司，并投资了 50 多家企业。为了实现创新使命，Plug and Play Tech Center 已将办事处扩大到纽约、巴黎、阿布扎比、法兰克福、东京、新加坡和中国。加速器计划为期 12 周，每年运行两次，将从早期到成长阶段的初创公司与世界上最大的金融机构连接起来。目标是促进试点、提高概念验证机会和增加业务发展机会。具体的重点业务领域涵盖资本市场、客户参与、数据分析、基础设施、付款方式等。

（2）物联网——用新技术连接我们的世界

Plug and Play Tech Center 在创新平台上创建了一个物联网加速器，帮助企业家、具有远见的公司和风险投资者与世界一流的初创企业建立联系。Plug and Play Tech Center 每年选择 20 多家物联网初创公司参与为期三个月的项目，重点研究工业物联网、人工智能与大数据、智能基础设施、工作流程优化、机器人与自动化等。

（3）品牌与零售——解决当今顶级品牌、零售商和行业参与者面临的最大问题

品牌和零售加速器属于 Plug and Play Tech Center 创新平台的一个重要部分，它将具有良好发展前景的品牌、零售商与初创公司联系起来，初创公司对零售价值链产生积极影响，从而促进品牌和零售业的发展。Plug and Play Tech Center 每年进行两次为期 3 个月的计划，从合作伙伴组建的初创公司中选择 25~30 家公司，合作伙伴包括了阿迪达斯、可口可乐、宝洁等。项目的核心主题是发现客户使用过程中的不满，减少这种摩擦，不断地探索和发现新的商业模式。研究的重点领域包括新的商业模式、客户体验、运营效率、数据抓取、电子商务等。

（4）健康——革新医疗保健的未来

在 Plug and Play Tech Center 的创新平台上，初创公司可以与想要颠覆医疗保健行业的大型公司取得联系，将自己的雄心付诸实践。他们专注于数字医疗技术，提供将医疗技术与大数据结合，突破传统的医疗技术，实现医疗技术的创新。这种技术将挑战传统临床实践，通过提高数据分析和处理过程，既改善了患者体验又进一步提高了医疗效率。截至目前，Plug and Play Tech Center 已经与 20 多家公司合作，加速了 100 多家初创公司的发展，并进行了 30 多项投资。通过不断创新，对医疗保健行业产生持久性的影响。这方面的创新包括医院工作流程、人工智能和大数据分析、药物依从性、传感器与可穿戴设备、远程医疗和护理管理等。

（5）供应链与物流——端到端供应链未来

随着信息技术的发展，大数据在日常生活中已得到广泛应用，电子商务的发展也日益壮大。与此同时，物流与供应链成了不少企业经营管理的重点，生产经营活动越来越强调端与端之间的连接。几乎所有的企业都需要供应链管理和有效的业务运作，那么以物流和供应链作为一个研究重点，将吸引来自各个行业的合作伙伴和创始人的加入。作为全球最大的端到端供应链创新平台，Plug and Play Tech Center 为初期和成长阶段的初创公司建立业务，结识企业客户提供助力。创新的主要领域包括供应链数字化、人工智能与机器学习、区块链、仓库自动化、预测性维护、货物跟踪等。其他创新项目还包括食品与饮料、房地产与建筑、旅游与餐饮业等。

三、下一个十年

1. 可持续发展的行动与创新

可持续发展目标是联合国为了实现更好、更可持续的未来而描绘的蓝图，考虑到全球面临的主要挑战，包括贫困、不平等、气候变化、环境恶化等。企业的可持续发展目标不局限于开发清洁技术，还包括减少犯罪和虚假信息。可持续发展问题是企业关注的一个核心问题，这也正是 Plug and Play Tech Center 接下来十年关注的一个重要创新方向。立足于全球视野，通过与终结塑料联盟进行合作，Plug and Play Tech Center 准备在两年内在硅谷、巴黎以及新加坡三个全球枢纽运行六个加速器计划。每个计划都是为期九十天的高度结构化的课程，以激发初创企业解决塑料废物问题。项目重点包括收集、管理、分类塑料废物，开发回收处理技术，研究利用再生塑料。在企业层面，麻省理工学院和波士顿咨询公司的一项调查显示，2014 年，大多数公司都有从事某种形式的可持续性合作。该研究还显示，有 67% 的公司高管认为与更广泛的可持续创新生态系统进行合作势在必行。作为可持续创新系统的重要组成部分，具有技术影响力的初创公司与领先公司合作的机会将越来越多。降低成本是公司追求可持续创新的主要推动力,这些公司通常会寻找可以帮助他们以较低成本满足环保标准的初创企业和创新技术,例如用更便宜的自制产品代替进口产品。相比之下,对可持续性保持积极态度的公司,更愿意与这些初创企业合作,寻求能够在提高商业价值的同时创造更高可持续性价值的技术和方法。

2. 媒体与数字化时代

当前互联网发展极其迅速,产品的销售早已突破传统售卖方式的约束,新的宣传媒介陆续出现。媒体与广告行业的未来越来越往个性化、自动化、沉浸式、实验性和可衡量的方向发展。Plug and Play Tech Center 推出这一创新方向,其使命是召集行业领导者、初创企业和风险投资公司,推动创新并颠覆媒体和广告行业的未来。从洞穴壁画到数字时代,交流一直是人类社会发展的基础,是时候重新思考一个永不停息、不断变化并与未来新兴技术保持一致的行业了。数字广告、网络广告、户外广告、广播技术、电信与 5G、VR、AR 和混合现实、业务流程自动化等是创新的重点领域,也是 Plug and Play Tech Center 的重点投资方向。

3. 重新定义环境,构建智慧城市

随着人口的不断增加,可以肯定的是未来的城市将变得很拥挤,但是人们也希望它会很智慧。智慧城市简单来说就是利用新技术改善市民生活的城市,包括交通运输、废物处理、清洁能源等。关于智慧城市的讨论已经进行了十年,Plug and Play Tech Center 认为接下来的十年,正是智慧城市发展的时机。处于一个数据化、信息化的社会,人们乐于拥抱智慧城市项目。Plug and Play Tech Center 将初创公司或大公司和公共部门联合起来,共同应对构建智慧城市的挑战。无论创始人是基础架构供应商、软件集成商、硬件或资产供应商、网络服务提供商还是托管服务提供商,他们都可以在 Plug and Play Tech Center 的生态系统中找到出色的协作方式。硅谷、巴黎、马德里、阿姆斯特丹、维也纳、曼谷、圣保罗等已经加入了智慧城市项目,智慧城市项目主要涵盖了:①人们的出行,如城市一体化的人员出行和货物运输方式;②物联网,如传感器、连接线和数据平台;③房地

产和建筑，如绿色住宅和商业建筑基础设施；④能源与可持续性，如稀缺管理资源和优化资源利用。GBatteries 的联合创始人科斯佳·霍穆托夫（Kostya Khomutov）谈道："从无人驾驶的电动吊舱到双层电动巴士，公共交通工具将出现各种形态和大小。货物可以通过自动电动车配送，共享汽车成为常态。每个大都市都可以随时使用电动吊舱（e-pods）和电动车（e-scooters），以减少事故和交通拥堵，让空气更清新，让街道变得安静且更容易通行。"

第五节　500 Startups①：面向全球，兼容并包

■ABOUT

500 Startups 由戴夫·麦克卢尔（Dave McClure）和蔡李美成（Christine Tsai）于 2010 年创立，是总部位于旧金山的风险投资机构和创业加速器，致力于构建全球创业生态系统。他们的使命是"通过创业提升人民和经济"。500 Startups 立足于全球化和国际化的视角，具有很强的包容性和多元性。直至今日，500 Startups 已连续 7 年被 Pitchbook② 评为"全球最活跃的风险投资机构"。500 Startups 已经在 70 余个国家或地区投资了 2 500 余家公司，其中包含 19 家独角兽企业和 30 余个上市公司。本章相关资料引用自 500 Startups 官网：https://500.co/。

一、兼国际与多元于一体

1. 国际化的专业团队

500 Startups 的团队是一支国际化的队伍，100 多名团队成员来自世界多个国家和地区，包括美国、墨西哥、巴西、新加坡、马来西亚、韩国、阿拉伯、土耳其、泰国、越南等，成员间用多种语言进行交流。团队成员各自负责创业生态的创建、日常运营、管理遍布全球多个区域基金等工作。

此外，500 Startups 团队也是一支非常专业的队伍。蔡李美成

---

① 500 Startups，于 2021 年 9 月品牌升级为 500 Global。
② Pitchbook 是一家通过软件提供服务（SaaS）的公司。由约翰·加伯特（John Gabbert）于 2007 年成立，致力于为私人资本市场提供数据、技术和调查报告。

（Christine Tsai）是 500 Startups 的首席执行官和创始人之一，拥有丰富的知识储备和工作经验。她专注于认知心理学，是一名优秀学者。在已有的职业生涯中，她一直在硅谷工作和投资。从 2003 年到 2010 年，蔡李美成在 Google 担任产品营销和运营相关职位，主要专注于货币化和开发产品。她是 Google 最初的技术支持团队的成员，帮助推出了 Google AdSense。这是一个网站创收项目，目前仍是 Google 重要的收入来源。在 Google 任职期间，蔡李美成也在被 Google 收购后的 YouTube 工作过，负责推动开发者和联合营销。此后，她还负责了 YouTube API 和开发工具的营销工作，与许多开发人员和早期初创公司有过交流合作，并将 YouTube 整合到他们的产品中。不止蔡李美成，500 Startups 的其他团队成员都具备良好的专业知识。他们互相协作、各司其职，致力于投资事业和建设全球创业生态系统。

2. 多元化的投资组合

500 Startups 被 Pitchbook 连续 7 年评为"全球最活跃的风险投资机构"，它的活跃具体表现为频繁的风险投资交易和退出。在 2019 年，其投资数量和退出数量均位居行业第一。500 Startups 的投资组合兼具国际化与多元化的特点。他们的投资组合从不拘泥于某一特定国家，业务覆盖全球五大洲，即美洲、亚洲、欧洲、非洲以及大洋洲。此外，投资组合亦不局限于某一行业，目前的投资已经涉及 9 个领域，包括金融科技、健康与生物技术、人力资源与教育、IT 与安全、营销与客户成功、媒体与协作、房地产与交通、零售与电子商务、智慧城市与工业。

截至目前，500 Startups 已经在 70 余个国家或地区投资了 2 500 余家公司，其中包含 19 家独角兽企业（估值在 10 亿美元以上），例如，开放式在线教育平台 Udemy、在线平面设计工具 Canva，以及 30 多个上市公司。

3. 大门敞开，永不设限

"多元化不仅仅是一种战略或战术，多元即我们本身"，500 Startups 成功的关键在于其包容性。在投资行业的选择上，500 Startups 包容服务不足的市场；在对初创公司和创始人的态度上，它们包容具有不同文化的公司，也认为一位伟大的创始人可以是任何肤色、性别和国籍。正如公司管理合作伙伴吴凯莉（Khailee Ng）所说，500 Startups 更像是一个充满机会的学校，人人都可以在这里拥有自己的事业，"我们只关注这个人，不管你来自哪里、长什么样子、做过什么"。目前，在 500 Startups 所投资的项目里，有 45% 的创始人是少数族裔。2016 年，500 Startups 团队还专门成立了一个 2 500 万美元的创业微基金，用以投资美国国内少数族裔创始人，重点支持非洲裔及拉丁裔创业者，为他们提供资金、人脉和经验。这是首个针对少数裔群的创业基金，对初创公司所处的行业领域也不设限。

500 Startups 始终保持开放的态度，向各个国家、行业敞开大门。500 Startups 团队的目标只是支持最好的初创公司，无论种族、性别和地域。这样一种价值观根植于 500 Startups 团队的每一个人心中，从而造就了 500 Startups 的国际化和多元化。

二、全球扩展的野心

1. 遍布各地的风险投资基金

国际化和多元化的团队构成和投资组合无不体现着 500 Startups 全球化的野心，投资交易上的高度活跃促使 500 Startups 能够第一时间掌握全球市场和趋势，并对其有着全面了解。作为全球风险投资公司，它们深切明白伟大想法的实现是需要资本的。因此，以"支持世界上最有才华的企业家"为目标方向，500 Startups 在东南亚、拉丁美洲、中东和非洲等区域建立了专项基金，拥有超过 6 亿美元的承诺资本。每个基金项目皆有一个专属团队负责，500 Startups 为获得基金的初创公司提供资本的同时也会提供相应的指导和网络资源，以更好地支持初创公司的发展。直至今日，各区域专项基金的业务已有很好的发展，例如，专注于东南亚的"榴莲家族基金"现已支持了多个行业的 200 多家公司，专注于韩国的基金团队通常每年都会在韩国投资 15~20 家新公司。而帮助 500 Startups 启动上述区域专项基金的是位于旧金山总部的全球旗舰基金。它是 500 Startups 最初的系列基金，由 5 支跨地区和跨行业投资的全球性基金组成，推动了 500 团队开启种子加速器计划。

值得关注的是，全球旗舰基金目前十分重视 ESG（environment, social and governance）政策，已将其纳入投资分析和决策以及对投资组合的管理流程。ESG 是一种关注企业环境、社会和治理的投资理念，也是衡量上市公司是否具备足够社会责任感的重要指标。在创业领域，环境、社会和治理问题通常被视为初创公司发展到后期才需考虑的问题。但 500 Startups 团队质疑这一观点，他们鼓励初创公司在初期就将 ESG 政策纳入公司战略或运营中，较早地进行整合将更为容易且有效。500 Startups 团队认为，ESG 政策的纳入能够确保基金在其整个投资周期内对投资行为采取负责任的态度，并意识到环境、社区、社会、员工以及气候变化等可能对初创公司带来的潜在影响。500 Startups 团队期许，将 ESG 融入投资活动的行动能够使下一代的独角兽或财富 500 强公司更具多样化、包容性和社会责任感，更加自觉地关注员工的健康和安全，更好地为社区和环境服务。

2. 基于全球视野下的加速器计划

在全球化的视野下，为了产生高交易量、提供结构化的投资组合支持并在创业界建立一个强大的品牌，500 Startups 创建了多样化的种子加速器计划，包括全球加速器计划、生态系统加速器和创始人计划。每一种计划里包含着不同的加速器类型，它们的运营模式及侧重点又有所不同。

全球加速器计划分布在世界多个国家，主要包括旧金山旗舰加速器、500 拉丁美洲（LatAm）加速器、500 首尔系列 A 计划、500 中东非洲（500 MENA）加速器和 500 越南（500 Saola）加速器等。旧金山旗舰加速器是首批通过滚动系统打破僵化的主要加速器之一，一年 365 日皆可进行申请。该基金团队会根据初创公司的需求来定制计划，为创始人提供 15 万美元的投资和专注于增长和扩展的机会。而 500 拉丁美洲加速器是专门面向说西班牙语的创始人的种子计划，设立在墨西哥，为初创公司提供为期

16 周的发展培训。位于韩国首尔的系列 A 计划由为期 3 周的预系列和为期 8 周的增长和战略训练组成，侧重于产品优化、构建盈利策略和营销漏斗。500MENA 加速器是基于旧金山旗舰加速器为来自中东和非洲地区的初创公司量身定制的计划，为期 14 周。500 Saola 加速器则专注于越南地区，帮助该地区初创公司获得更多客户、提高转化率、增加收入，以及构建增长行动手册等。

生态系统加速器和创始人计划主要包括全球发布（Global Launch）、500 神户加速器、500 佐治亚加速器、迈阿密增长计划和迈阿密创始人训练营等项目。全球发布是通过教育和沉浸式培训，将全球不同地区的初创公司与硅谷连接的计划，为它们打开美国市场铺平道路。与此同时，全球发布还与国际实体合作，在世界各地建有技术中心，旨在为各地输出人才。500 神户加速器创立于 2016 年，到 2020 年该加速器将重点放在了初创公司和技术上。500 佐治亚加速器则是 500 Startups 与佐治亚银行联合合作的加速器，旨在激发格鲁吉亚的创业精神并帮助当地初创公司进行融资，推动技术生态系统的发展，连接国际网络。迈阿密增长计划强调向最好的人学习，以期通过"学习"的方式使初创公司实现更高层次的扩展和可持续增长。迈阿密创始人训练营则旨在为初创公司提供能帮助其以指数级速度发展的工具、资源和指导。创始人每年可以申请多个训练营，都是免费参与的。训练营的开展主要以为期两天的研讨会的形式为主，每次研讨会都有专门的主题，如精益创业、销售与谈判等。

通过参加 500 Startups 的种子加速器计划，初创公司不仅能够获得投资基金，还能得到多种资源和培训。创业是孤独且具有挑战性的，为此，500 Startups 团队为初创公司们打造了一个交流社区，为创业者们提供相互咨询、一起工作和成长的平台和机会。此外，在 500 Startups 的加速器计划中，初创公司可以进入一个庞大的关系网络。该网络由 1 000 多名创始人、200 多名导师或有经验的顾问，以及 500 Startups 团队成员组成。该网络将帮助初创公司更好地与投资者、其他创始人和其他初创公司等建立社交联系或伙伴关系。在培训资源方面，500 Startups 团队为初创公司提供类似于创业 MBA 的课程。他们邀请各领域的专家学者，针对营销、文化、创业会计、产品设计、销售和财务等多方面进行教授和培训。在实践方面，500 Startups 还提供支持和训练。初创公司可以在业务和产品战略、增长指标和投资者宣传方面与 500 Startups 团队携手合作。

三、蓬勃的创业生态系统

1. 创业生态系统构建

500 Startups 虽然是一家风险投资公司，但他们的目标并不仅仅局限于投资领域。500 团队将全球化战略放眼到投资之外，通过与企业、投资者、政府和基金会建立伙伴关系，致力于构建蓬勃发展的全球互联创业生态系统。为了构建这一生态系统，500 Startups 已运行了 50 多个增长和加速器计划，支持了多个国家或地区的 2 500 余家初创公司，并通过丰富的活动、福利和创新与 100 余家企业建立了合作伙伴关系。

对于创业生态系统的构建，500 Startups 力图在企业创新、开放的风险投资、政府和基金会、创始人计划四个方面做出成就。在企业创新方面，500 Startups 认为初创公司掌握着新技术和增长的关键，而 500 Startups 团队的专长则在于帮助合作伙伴找到并投资最好的产品。在开放的风险投资方面，500 Startups 团队专为风险投资者启动了一个培训计划。在培训计划中，投资者会学习如何筛选初创企业，也会与同行共同探讨各种交易，并与 500 Startups 的投资组合公司一起举行研讨会。对于政府和基金会，500 Startups 团队可以通过对项目、人员、资本的正确组合，为该政府或基金会所在的地区构建一个充满活力的生态系统，提升区域经济，进而帮助政府吸引和留住人才等资源，推动创新发展。在创始人计划方面，500 团队自创立以来已启动了多个相关加速器和训练营计划，旨在通过提供专业定制化的资源、设计，更好地满足初创企业和当地市场环境的需求。

2. 主题丰富的交流活动

除了启动各类种子加速器计划和构建全球创业生态系统之外，500 Startups 还会不定期地邀请各个行业的专家或学者来进行分享，并开展多种线上或线下交流活动。分享交流的主题也十分广泛，紧跟时事，例如，疫情之下的早期创业法律与股票咨询、科技类初创公司如何塑造劳动等。500 团队还会推出一些新颖的活动，如火边聊天（fireside chat）等。此外，和其他孵化器相同，500 Startups 也会组织参加有关的峰会，开展演示日（demo day）、路演活动、聚会等。他们组织的风投开放项目（VC unlocked）和路演活动等并不对外开放，仅受邀请的初创公司可以参与。

3. 500 Insight

500 Insight 是 500 Startups 打造的见解分享平台。500 Startups 团队收集了 500 创业生态系统中一些表现出色的初创公司、合作伙伴和导师的观念和故事呈现在 500 Insight 上，以期能够为想了解 500 Startups 和最新创业动态的创始人或投资者提供最好的见解。500 Insight 的内容主要分为四个板块：创始人、全球视角、生态和网络合作伙伴。每一个板块下都有相应的主题内容分享，例如，创始人模块有关于女性创始人和黑人创业者的观点、全球视角下对"居家办公"现象的认识等。在 2020 年年末，500 Startups 的创始人 Christine Tsai 也在 500 Insight 上发布文章，整体回顾 500 Startups2020 年的业务开展情况，盘点在社区和全球创业生态系统构建、投资组合等方面的亮点和成就，并对未来进行展望。

四、500 Startups 落地中国

1. 全面入驻

正如蔡李美成所说，2020 年虽然是不可预测且混乱的一年，但 500 Startups 仍然毫不含糊地决定继续拓展业务。2020 年 2 月，500 Startups 在中国上海设立办公室，正式宣告落地中国，并开始制定本地化运营战略。500 Startups 团队的中国战略主要是"引进来、走出去"的双向孵化和专属投资计划。

"引进来"即指将海外企业引入中国发展。中国区负责人郑思达

（Stella Zheng）表示，2020 年将设立人民币基金为有意愿来华创新创业的团队、组织或企业提供条件，并帮助他们在中国落地成长。基于此，500 Startups 中国区团队已在为全球范围投资的公司搭建"快速落地中国"的"Landing Pad"，帮助海外企业更快适应中国环境，克服"水土不服"问题。"走出去"即指在中国寻找具有国际化战略地初创团队，进行业务支持或建立合作伙伴关系。

2. 特色运营活动

500 Startups 自入驻中国至今才 1 年多时间，但却已经开展了许多特色活动，包括 500 小酒馆、500 BootCamps 等。

500 小酒馆是由 500 Startups 组织的每月一期的闭门酒会，计划每期邀请 20 位来自政府、投资机构、上市公司、创业公司的领袖参与其中。500 小酒馆 500 Startups 已成功在上海、杭州举办三期，旨在构建一个开放式的创新创业社交网络，给创投圈里有趣的灵魂们一个碰撞的机会和平台，增强创投圈的沟通紧密性。目前，500 小酒馆仍处于试营业阶段，暂且仅有受邀嘉宾可入场，后续会逐步开放报名通道，为中国的创业者和投资人们提供交流平台和更好的服务。

500 BootCamps 则是为具有国际化发展目标的优秀中国初创公司带来的 500 Startups 旗舰加速器课程。课程针对有意开拓全球市场的 A 轮以前的初创公司，对行业不设限制。课程导师包括来自耶鲁、斯坦福等知名学府的教授以及成功的创业者。在课程中表现优异的初创公司将有机会前往美国、新加坡的 500 Startups Hub，甚至有机会获得 500 Startups 或其合作伙伴的投资支持。

除此之外，500 Startups 在中国还有许多特色运营活动，例如，与杭州海外高层次人才创新创业大赛组委会合作举办比赛。500 中国区团队还设立每周三为公司开放日，对 500 Startups 感兴趣的人们可以前往上海办公室进行参观和实地了解。

第六节　MassChallenge：最友好的加速器

■ABOUT

　　MassChallenge 是无股权加速器，在加强地方和全球创新经济方面发挥了至关重要的作用。其宗旨是使企业家轻松地建立新企业，其以团队和文化打造的全球社区极富吸引力和多样性。MassChallenge 坚信初创公司是未来，全力支持新思想和全球创新经济，坚持把全球社区放在第一位，建立世界影响力，帮助创业者与企业家连接与协作，进一步帮助他们启动、发展和扩展业务。当前 MassChallenge 网络已经大大扩展，以支持五大洲初创企业生态系统的增长，并与数百家组织和数千家初创企业建立了合作关系，以促进全球创新。本章相关资料引用自 MassChallenge 官网：https://masschallenge.org/。

一、"友好"的"竞争"加速器

1. 零股权

2010 年，MassChallenge 在马萨诸塞州波士顿市正式启动，但在 2009 年 6 月，从约翰·霍索恩（John Harthorne）和阿基尔·尼加姆（Akhil Nigam）辞去贝恩咨询公司顾问工作的时候开始，他们就已经开始投入到创立 MassChallenge 的工作中去了。他们认为现实世界里充满了各种伟大的想法，却很少能够变成现实。霍索恩和尼加姆希望 MassChallenge 可以成为一个孵化创意的据点，把资金带给那些真正富有热情的创业天才。MassChallenge 创始团队对公司性质进行了讨论和确定，同时对该创业项目进行了测试。他们的初心是将 MassChallenge 的诞生塑造成一项旨在识别和加强世界上最有潜力的初创企业的大型全球竞争，同时也希望能够吸引一系列初始合作伙伴，一起加速这个过程。作为一个非营利性的孵化器和加速器，MassChallenge 接纳任何行业的公司参与到加速器计划当中，但与大多数加速器不同的是，它没有从所支持的初创公司那里获得任何股权，因而著有"全球最友好的加速器"之称。MassChallenge 总部位于美国，另外在以色列、墨西哥、罗德岛、瑞士等地设有相应的办事处，通过加速全球所有行业的高潜力初创企业的零股权发展，加强全球创新生态系统。

2. 竞争体系

MassChallenge 创新的第二个地方在于考虑了人性的特点，为了充分调动人们的积极主动性，以竞争驱动发展。相比于直接提供资金对创始人进行帮助，MassChallenge 一开始并不向参与加速器的初创公司提供任何资金，而是通过竞赛的形式，将资金作为比赛奖励在项目的最后进行下发。不同的创业公司按照要求自我表现，在计划结束时一起争夺约 300 万美元的零股权现金奖励。MassChallenge 将比赛分为多个阶段，对初创公司的能力进行全方位的评估。第一部分是书面申请板块，申请者需要在 MassChallenge 的主页上提交一份两页左右的英文书写报告，并缴纳从 99 美元到 199 美元不等的报名费。之后 MassChallenge 会在主页上公布申请者的资料，评分由两部分组成，10% 来自公众投票，剩下 90% 由评委评估决定。如果申请者选择不公开自己的项目，就会失去 10% 的分数。所有初创企业都会收到来自专家评委对其在线申请的回复，约有 300 家企业会在第一轮海选中胜出，然后被邀请到波士顿，向风投人士、当地的天使投资人以及企业 CEO 推销自己的企业，展示企业的潜力和前景。此轮展示将挑选 125 家企业进入第三阶段的选拔，入围者将参加为期三个月的加速器计划，三个月之后进行综合打分。在这个过程中，创始人可以获得 MassChallenge 提供的导师和团队指导。加速器计划是创始人拓展企业业务并取得进展的重要机会，这是竞争的重要内容，也是比赛的最大价值。在为期三个月的加速器计划结束时，所有参与者都将向评审展示他们在计划中获得的成就，并由评审进行评定。最重要的评判标准是，申请者的商业模式是否具备极大的发展潜力。申请者可以从营收情况、商业模式的社会影响、对公众的益处、创造的就业机会等指标来阐明潜力。被评为最佳初创企业的公司将在颁奖典礼上获得现金奖励，所有顶尖的初创公司将在波士顿进行展示。

二、大创新从小开始

MassChallenge 首席执行官西奥班·迪莉亚（Siobhan Dullea）谈道："在过去的十年中，MassChallenge 在加强本地和全球创新经济方面发挥了至关重要的作用。我们帮助了来自 54 个以上国家的企业家解决了世界上的一些重大问题。MassChallenge 和我们的 2 458 家创业公司在全球经济衰退的情况下，建立了九个加速器并形成了理想的企业家网络，对全球产生了变革性的影响。"

1. 水平加速器

以打造全球社区为核心的 MassChallenge，其办事处分布在世界各地。MassChallenge 在美国、以色列、墨西哥、瑞士等地设立了加速器，接受来自世界各地所有行业的早期创业公司。它对行业没有特定的限制，只要求初创公司处于初期阶段（注册资金少于 100 万美元或者年收入少于 200 万美元）。符合要求的初创公司可以参与为期四个月，适合所有行业的加速器项目。在此期间，初创企业可以得到顶尖导师和专家的实质性指导，拥有免费的共同工作空间，可以访问 MassChallenge 公司合作伙伴网络，参加 MassChallenge 为初创公司量身定制的研讨会和办公时间，甚至有机会赢得超过 200 万美元的现金奖励。不同地区的加速器计划，为早期的初创企业提供了改变现状、促进变革的机会，有利于进一步创新。得克萨斯州的 MassChallenge 是全球加速器的第二个据点，在奥斯汀和休斯敦设有办事处。MassChallenge 的使命是使得克萨斯州成为全球开办业务和扩展业务的最佳地点，为早期的企业家提供发展资源，创造就业的机会和创造财富的途径。自 2017 年推出以来，MassChallenge 朝着这一愿景迈进了一大步。其在整个州的创新生态系统中的吸引力证明，MassChallenge 模型吸引、推进并加速了初创企业，加深了企业创新者等所有参与者的使命感。奥斯汀的技术负责人谈道："MassChallenge 挑战赛影响巨大，而且每个参与的企业家都可以与全球市场建立联系。真正的独特之处是，MassChallenge 计划如何将所有最好的企业家、导师和专家们聚集在一起。我向我们的领导致敬，感谢他们为 MassChallenge 落户得克萨斯州所提供的帮助。"

2. 垂直加速器

MassChallenge 主导的加速器计划针对不同阶段的企业推出了有针对性的项目，以垂直加速器作为支撑，实施精准加速。垂直加速器 MassChallenge HealthTech 和 MassChallenge FinTech 只接受特定行业初创公司的申请，它们大多是处于后期阶段的初创公司（注册资金少于 1 000 万美元或者年收入少于 1 000 万美元），主要包括健康和金融领域。该加速计划为期六个月。在该加速项目中，初创公司有机会与顶级企业、机构或组织进行合作，解决与行业相关的关键挑战。除此之外，他们还可以得到 MassChallenge 合作伙伴的支持，通过 MassChallenge 搭建的平台，寻求与合作伙伴共同发展的机会。合作伙伴会在产品验证、战略投资、客户关系、顾问介绍等方面给予创始人一些建议。参与的初创企业可以在波士顿获得免费的联合办公空间，有机会赢得现金奖励。

为了支持数字健康创业公司，波士顿政府、MeHI①、MACP② 和 Mass-Challenge 建立了 MassChallenge HealthTech。MassChallenge HealthTech 与行业领先的企业建立合作伙伴关系，以加速数字健康行业的初创公司。Mass-Challenge HealthTech 的每个初创公司可以通过配对，与至少一个合伙关系

---

① MeHI，马萨诸塞州电子健康研究所（MassChallenge eHealth Institute）。
② MACP，美国内科医师学会专家（master of the American College of physicians）。

建立联系（MassChallenge HealthTech 的初创公司平均每个合伙人有超过三个合作伙伴）。然后，加速器计划会为每个初创公司提供一流的培训，配备基本的技能。当企业家和社区团结起来解决重大问题时，将加快创新并改变医疗保健系统。PULSE @ MassChallenge 是马萨诸塞州政府"数字健康计划"（Mass Digital Health）的战略组成部分，由 MassChallenge 推动并联合实施举办。该项目旨在通过扶持数字医疗行业的小型初创公司，促进该行业的发展。作为 MassChallenge 旗下的子产品，PULSE @ MassChallenge 也是非营利性质的，并不会要求获取初创公司的股权。致力于打造全球社区的 MassChallenge，在数字健康领域也不懈怠。它把初创企业、行业领先者、业务导师、医疗保健专业人员、数字健康爱好者，还有与 MassChallenge 的企业家精神志同道合的人们召集起来，组建成一个社区。MassChallenge 通过在 HealthTech 和 FinTech 的行业垂直领域深耕，有助于处于后期阶段的初创企业与推动创新的企业之间，建立以结果为导向的合作伙伴关系。

三、万物互联，MassChallenge 在行动

在 MassChallenge，企业之间建立联系的这一举措具有十分重要的意义。MassChallenge 的团队不仅在这一趋势中占据一席之地，还通过与来自顶级公司和政府组织的 100 多个合作伙伴的合作，不断地推动这一趋势。MassChallenge 试图探索这种新兴工作关系的动力，以及这对初创企业和企业协作的意义。近年来的一些创业研究报告发现，当下企业之间的互动从更早的阶段就开始了，所以初创企业之间的互动变得至关重要。新兴企业不再将成熟企业仅视为潜在的收购者。创始人开始意识到合作企业拥有可以利用的经验和资源，也意识到可以对与之合作的企业保持彼此的选择性。初创企业和成熟企业不同，但两者之间的力量平衡正在发生变化。双方都看到了在更细微的伙伴关系中长期合作的价值，在这种伙伴关系中，

双方都在不断发展以找到适合其创新议程的完美战略。MassChallenge 通过支持企业家并将其连接到 MassChallenge 的全球网络中，来加强创新生态系统并推动完成高质量的工作。该计划与当地实体企业合作，以了解当地创新生态系统的潜力和战略价值，使他们能够建立自己的创新社区，并将其与全球市场联系起来。Biba Beverages 创始人大卫·帕克特（David Paquette）评价道："在 MassChallenge，与导师、顾问、投资者和其他成功的团队建立联系十分轻松。加入 MassChallenge 为我们打开了许多扇门，包括赢得马萨诸塞州商界对我们的尊重。这个网络的确资源强大，资金充足，极具吸引力。"

1. 国际创新生态体系

MassChallenge 与国际领导者建立合作伙伴关系，建立更强大的创新生态系统，共同致力于探索和开发创新的新实践。这些新方法可以改变当地的创新经济，简化公司创新实践，最终促进新兴生态系统的发展。迄今为止，MassChallenge 已经与澳大利亚、哥伦比亚、法国、韩国、墨西哥、摩洛哥、波兰、俄罗斯、爱尔兰、西班牙和英国的政府部门建立了合作伙伴关系，以加强创新生态系统的构建。

2. 专项服务栏目

（1）初学者训练营

该训练营涉及的对象主要是初创企业、来自世界各地的顶级行业专家以及 MassChallenge 的合作伙伴。被选定的初创公司将与来自世界各地的顶级行业专家一起，参加 MassChallenge 举办的专业研讨会、培训以及指导会议，致力于帮助 MassChallenge 的合作伙伴发现那些具有潜力的初创企业。

（2）创新生态系统之旅

这是 MassChallenge 为以创新为导向的合作伙伴特地组织的一次旅程，包括参观 MassChallenge 公司本身及其他相关行业站点。参与该旅程的合作伙伴有机会接触到 MassChallenge 正在进行中的创业项目，增进对初创企业业务活动的了解，与初创企业建立具体的联系，同时更好地为当地的初创企业提供全面的支持。

（3）咨询支持

MassChallenge 与成功的企业家一起，构建了一个集成的、有效的创新生态系统，系统具有结构化的体系，能够为初创企业提供咨询支持。利用 MassChallenge 的经验、模型以及行业领先的方法来帮助该地区的加速器、政府、企业或非营利组织设计他们的启动加速计划和策略。

（4）协同化建设

MassChallenge 把当地创新型企业家和生态系统型企业家结合起来，通过平台，提供技能相关培训或行业特定培训，与合作伙伴一起分析和发现企业家的需求，针对这些需求举办一些研讨会。

3. 落地实施计划

Impulse Morocco Accelerator Program 是一项国际创业竞赛，旨在识别和加速全球顶尖的农业技术、采矿技术、生物技术以及材料科学和纳米技术创业公司。该计划是 MassChallenge、OCP 集团①、OCP 非洲②和穆罕默德六世理工大学之间的合作，以促进摩洛哥的非洲地区建立并发展创业社区。

Bridge to MassChallenge Biscay 是 MassChallenge 与比斯开（Biscay）地区政府合作共同开展的国际创业竞赛，该竞赛旨在找到并加速法国比斯开省和西班牙吉普斯夸省的顶级创业公司，并将这些创业公司与全球市场建立联系。

Bridge to MassChallenge 是 MassChallenge 举办的一项国际竞赛，欢迎全

---

① OCP 集团，Office Chérifien des phosphates，摩洛哥磷酸盐公司，是摩洛哥磷酸盐和化肥的主要出口商，拥有世界上 75% 的磷酸盐储量。

② OCP 非洲：OCP 集团的子公司，成立于 2016 年，旨在为非洲农业的可持续发展做出贡献。

球企业参与其中。一方面给企业家提供支持，另一方面请他们加入 Mass-Challenge 的全球网络，从而加强创新生态系统，推动高质量合作。

四、运行机制

1. 特色训练营

MassChallenge 的运行模式和 Y Combinator 孵化器十分类似，也是通过筛选、面试、训练营和演示日的流程，最终选出获得最多评委青睐的参与者，并给予资金和其他各类资源。MassChallenge 利用其广泛的人际网络，为初创企业和企业家牵线搭桥。MassChallenge 在第一阶段进行筛选的标准是看该初创企业是否具有高创造性。初步入选的申请者将被邀请到波士顿，面向由当地天使投资人、风投资本家和 CEO 组成的专家小组进行 20 分钟的自我推销。

2. SolidWorks 软件的应用

SolidWorks Office Premium 是一款设计和分析软件，旨在帮助企业家简化设计，将其创新性的构思和灵感轻松地呈现出来，该软件可以有效地缩短产品的设计周期和上市时间。MassChallenge 考虑到当前的实际背景，将 SolidWorks Office Premium 应用在加速器计划中，是为了让初创企业了解并学会使用这个软件，将想法商业化，帮助他们更快地从概念设计转向原型制作，并更有效地从开发过渡至生产。2012 年加速器奖金得主 Global Research Innovation and Technology（GRIT）利用 SolidWorks Office Premium 软件，设计出了一款杠杆式自由轮椅，极大地缩短了开发设计的时间。这款轮椅给残疾人士带来了极大的便利，为他们提供了独立生活、独自操作轮椅的可能性。

3. 免费提供支持

每年 10 月，MassChallenge 都会提供一笔资金资助在加速器计划中表现出最大发展潜力的初创公司，因此吸引了很多初创公司参与其中。而参与进来的初创公司可以享受免费的办公空间，获得专业的指导顾问。Mass-Challenge 擅长解决初创公司的各类问题，且不收取任何股权作为回报，甚至连报名费用都可以报销。这种运行机制的背后是一个强大的赞助商集团，以及一个由 200 名顾问组成的人脉网络。

第七节　Amplify. LA：定制化的创业校园

┌─ ■ABOUT ─────────────────────────────────────┐

　　Amplify. LA 于 2011 年由保罗·布里柯（Paul Bricault）和奥德·
诺伊（Oded Noy）在洛杉矶启动，曾被《哈佛商业评论》评为美国十
大加速器之一。公司通过提供高于一般加速器的资金、高定制化的资
源支持以及高度参与的导师和顾问的指导来协助初创公司有效成长和
壮大。"滚动启动计划"和"演示新模式"是 Amplify. LA 有别于其他
加速器的特点。它们致力于发展一个志同道合的专业人士社区，推动
洛杉矶科技生态系统的发展，成为当地企业家、人才和风险投资之间
的桥梁，从而促进创新。本章相关资料引用自 Amplify. LA 官网：ht-
tp://amplify.la/。
└──┘

一、"争先"的 Amplify. LA

1. 争做首个投资者

　　Amplify. LA 创立于 2011 年，是一家综合加速器与学校功能为一体的
创业孵化器。它属于通过被投企业的股权增值来获得投资回报的天使风险
投资模式孵化器。Amplify. LA 有较为完整的服务模式，即通过"共享空
间+共享设施+共享服务+专业咨询+风险投资"几个部分的统筹提供服务。
Amplify. LA 公司的愿景清晰明确，即帮助充满激情的科技企业家将他们的
初创公司成长为强大的、可发展的和成功的公司。Amplify. LA 以"为每
一家初创企业提供量身定制的孵化服务，并手把手为其创业过程加速"为
服务宗旨。在投资时机的选择上，Amplify. LA 倾向于"早投资"，它们往
往是许多公司的第一个投资者。

2. 高于一般的资金投入

Amplify. LA 的投资资金高于一般的加速器。对于入驻的初创公司，Amplify. LA 会用 5 万~15 万美元购买初创企业 5%~15% 的股份，通常比例是 10 万美元对应 10% 的股份。而对于具体投资的数额，Amplify. LA 暂时没有一个统一的标准。他们认为每一个初创公司都有独特的吸引力和亮点，因而固定具体的投资选择标准是没有意义的。如 Amplify. LA 的创始人布里柯在访问中所说，并非所有公司的情况都是一样的，有的可能拥有某项专利，有的则是有一个绝妙的想法等。因此，"从企业家或投资者的角度来看，提出标准条款是没有意义的"。

但并不是说，Amplify. LA 的投资是情怀或感性主导的，他们也会考虑每笔交易的经济性。比如，对于已投资的初创企业，Amplify. LA 也会继续融资，但不是每家都会。正如布里柯所说："我们规模较小。如果我们不参与一家公司的下一轮投资，这并不是该公司不好，也并不是因为我们更喜欢另一家公司，而是因为我们会考虑每笔交易的经济性。如果我们在一家公司投资了 4%，而这家公司正在进行种子轮融资，那么我们想投入这家公司更多资金的可能性就比已经拥有更多资金的公司更大。"这也是 Amplify. LA 更愿做初创企业的首个投资者的原因之一。

3. 投资偏好与组合

在投资的行业领域选择上，Amplify. LA 更关注社交、移动通信、互联网消费、SaaS①、数字媒体、B2B②、B2C③、D2C④ 和科技领域。值得注意的是，Amplify 拒绝对硬件、清洁技术、生物技术、服务业务（不包含咨询服务）或实物商品进行投资。在投资对象的地理位置上，Amplify. LA 更倾向于投资设立在洛杉矶的初创公司，但并不局限于此。对于具有充分吸引力和投资价值的公司，Amplify. LA 也会出击。现在，Amplify. LA 已经

---

① SaaS，Softuare as a Service，软件即服务。这是一种通过网络提供软件服务的模式。
② B2B，Business to Business，指企业与企业之间通过互联网进行产品、服务及信息的交换。
③ B2C，Business to Customer，指企业对消费者的电子商务模式。
④ D2C，Direct to Customer，指直接面对消费者的品牌，不经过经销商或中间平台。

有投资美国其他州甚至美国之外的公司的先例。

自 2011 年以来，Amplify. LA 已为多个行业的 50 余家公司提供了支持，从电子商务和移动到医疗保健、游戏和企业 SaaS，无所不有。每家公司的投资额在 10 万~25 万美元。自成立以来，Amplify. LA 已进行了 7 次收购，收购方包括微软、苹果和谷歌等知名企业。例如，为云应用程序提供企业级身份管理和单点登录的 Bitium 公司于 2017 年被谷歌收购，专门打造云中无缝移动文件和信息的完整服务系统的 Mover 公司于 2019 年被微软收购。现入驻 Amplify. LA 的初创公司目前已共同筹集了超过 5 亿美元的资金，并在洛杉矶和美国各地雇用了数百人。

二、海边的工作园区

1. 别样的办公与学习环境

Amplify. LA 的办公环境是它有别于其他孵化器的亮点之一。Amplify. LA 公司建筑位于威尼斯科技中心，离加利福尼亚州历史悠久的威尼斯海滩只有两个街区，为创始人在紧张的创业工作之余提供了一个休闲放松的好环境。园区提供 Herman Miller 的家具、一个巨大的社区厨房，还提供私人办公室和会议室等。

此外，Amplify. LA 还靠近 Snapchat、Facebook 等公司的办公地点，拉近了创始人与相关领域的公司交流的物理距离，为他们提供了方便访问相关领域从业人员的机会。除此之外，Amplify. LA 的办公区还是当地企业家和科技工作者进行合作（共同交流工作）的地点，他们会不定期地在这里举办活动。优越的地理位置和开放的工作环境成为 Amplify. LA 对初创企业的一大吸引力。

2. 丰富的资源

（1）导师网络

除了为初创企业提供齐全、安逸的硬件设施外，Amplify. LA 的"软件"竞争力也非常强大，首先体现在导师资源上。初创团队在初期，得到好的导师指导，并且得到导师相关人脉资源的支持，对产品、市场以及后续融资都会有显著的帮助。Amplify. LA 有自己的导师团队，团队成员包括了洛杉矶技术、娱乐和媒体行业的许多杰出领导人，比如，特斯拉的联合创始人马克·塔彭宁（Marc Tarpenning）就是 Amplify. LA 的导师之一。Amplify. LA 团队不通过华丽的名号和头衔来选择导师，而是仔细筛选并邀请有经验的技术人员、战略家和高管担任，并要求他们不遗余力地用自己的专业知识支持初创企业的发展。

与 Amplify. LA 开放和定制化的宗旨相匹配，其导师计划也非常灵活。导师们以各种方式支持初创企业，例如，聊天式介绍、炉边谈话活动等，有时也会以正式顾问或高管的形式加入公司。Amplify. LA 每周都会举行一次导师分享会，请业界内有名望的企业家、投资人来分享经验，并对其孵化的公司进行指导。导师们分享的内容涵盖创业过程的各个方面，包括早期风险融资、创新工具设计思维、初创企业的营销和初创企业的经营等。入驻 Amplify. LA 的初创企业可以利用导师计划吸取经验、学习实操知识，甚至在业界内逐渐建立和拓展自己的人脉网络。每次的导师分享会也会对外开放一定的名额，因此，每周导师分享会也成为 Amplify. LA 的一个独特项目，吸引众多对创业感兴趣的人的关注，在业界内建立了良好的口碑。

（2）风投合作伙伴

美国投资环境比较成熟，风险投资公司与孵化器关系往往非常密切。有一些投资者在孵化器中担任导师，还有很多风险投资公司参与了孵化器种子基金的设立或是初创企业的多轮投资。在此基础上，孵化器也愿意向投资者和投资公司推荐项目，形成了一个"双向输送和共赢"的模式。这一种模式为入驻 Amplify. LA 的初创公司在后续的融资中提供了一定的保障，也使得公司所孵化的初创企业在"走出去"后能有更好的发展。

（3）内部资源共享

"定制化"是 Amplify. LA 的一大特点，因此，入驻的每一家初创企业都会得到定向的、具有针对性的资源。也正是因为"定制化"的原因，各个企业所获得的资源支持往往是不易实现共享的。但对于可共享的、可借鉴的资料，通常包括会谈记录、行业指南和与创业相关的报告等，Amplify团队都会尽最大努力整理并提供给其他有抱负的创业者。Amplify. LA 拥有官方推特账号和博客，团队也会在这样一些公开平台上定期上传自己的工作内容与资料，尽可能地实现信息的共享。

除此之外，运营团队自身也会编写一些通用的学习资源，并通过官网等途径进行分享。这类资源不仅对内部开放，也对外完全开放，任何人都可以自行下载学习。目前，在 Amplify. LA 的官网上已更新了五个版块的资源。其一是"洛杉矶技术场景"，全面概括了 2018 年的洛杉矶的技术行业发展格局；其二是"SaaS 启动指南"，介绍了启动软件即服务（SaaS）业务的基本方法以及经常被忽略的要素；其三是"Amplify 财务模型"，为初创企业提供基础的财务知识以及构建自身财务模型的方法；其四是"Amplify 电梯演讲"[①]，指导初创企业简洁而清楚地阐明自身的使命和核心业务；其五是"Amplify 电子商务报告指南"，旨在使企业家了解发展电子商务公司所需要的数据。每一个版块都对相应的主题有着较为详尽的介绍，必要时还会附以 excel 等工具以更好地传递知识。

（4）与 Next Space 的合作

Next Space 是一家专门打造人才社区网络的公司。Amplify. LA 与 Next Space 的合作也标志着 Next Space 继旧金山、圣克鲁斯、洛杉矶和圣何塞后第五个合作空间的建立。Next Space 拥有成熟的人才网络，由遍布加利福尼亚州北部和南部的 600 多名自由职业者、企业家和独立承包商组成。Next Space 坚信"零件的总和大于整体"，期望通过将有智慧、有创造力的

---

① 电梯演讲，即一分钟演讲。演讲者要在一分钟内快速介绍自己，说明市场需求和自己的解决方案。这通常被认为是创业者必备技能。

人聚集在一起进行了解、交流、连接，能够产生灵感或进行创造，创造的可能是一个想法，亦可能是一个新的产品，从而实现"空间效应"。Next Space 拥有数十家技术、媒体和娱乐公司，而 Amplify. LA 与 Next Space 的合作可以连接这些公司，为公司带来更多的人才交流和信息交流的机会，也为初创公司提供了更多建立人脉资源的机会。

三、别具一格的模式

1. 放弃"演示日"

在布里柯的领导下，Amplify. LA 放弃了"演示日"的汇报形式以促进初创企业的资金融通。布里柯始终认为，"演示日"这样一种交流形式不论是对于有投资意向的投资者还是初创公司来说，都不能实现效率的最大化，并非一个好的选择。在采访中，布里柯说道："作为一个投资者，我一直都认为演示日展示的内容不一定是投资者感兴趣的。并且，演示日形式使得创业者都倾向于使用精简的演讲结构，这使得所有的演讲听起来都差不多。这是非常不人性化的。"

因此，有别于传统的"演示日"形式，Amplify. LA 创造了一种新的模式。与会的投资者可以预先选择他们想与之会面的公司，然后在工作人员的组织安排下，他们再与这些团队一对一会面，以便更好地了解他们，而不再如"演示日"一样同时有上百名投资者旁听。

2. 滚动启动计划

Amplify. LA 遵循滚动启动的申请原则，没有特定的申请时间。Amplify. LA 并非凭空提出这一申请原则。他们的团队采访了来自美国、以色列和加拿大等国家的十几位曾经参加过加速器项目的创业者，得出"创业课程的定期开展对加速器本身有利而并非对创业者有利"的结论，因为创业者们通常和加速器计划有着不一样的时间安排。也正如布里柯在采访中所说，企业家只想在他们真正想创业的时候开始，"我不认为固定的时间安排一定能够产生合作"。因此，Amplify. LA 采用了滚动启动计划，以便初创公司不受时间限制地进行投递，初创公司只要被录取，随时可以加入。

四、量身定制的支持

1. 尊重不同的"故事"

Amplify. LA 认为每家公司都有自己的故事和自己的发展道路。当初创公司在发展的过程中的需求得到满足时，它们就会茁壮成长。因此，Amplify. LA 会为每一个入驻的初创企业提供定制化的财政支持或战略指导。此外，如前所述，Amplify. LA 拥有一个活跃的导师团队，在关键的创业早期阶段，导师可以为初创企业提供有针对性的指导和支持，为其创造更多更好的融资、推广机会，使原本崎岖不平的创业之旅更顺畅，增加其成功的可能性。

2. 灵活的时间安排

入驻 Amplify. LA 的初创公司将会进行为期四个月的孵化计划，主要是在公司内部、公司之间以及与 Amplify 团队之间展开合作。在合作过程中，基于对不同初创公司之间差异的尊重，Amplify. LA 为初创公司们提供了高度定制化的项目，还为企业家提供了灵活的条款和时间安排，使他们能够在自认为准备就绪的时候选择加入计划和离开，而不是试图适应别人的时间表。

3. 给予实践方法的团队

孵化器的成功与否往往还取决于背后运营团队的实力强弱。"人才"从不是孵化器公司缺少的东西，而有效地管理人才才能使其成为孵化器的核心竞争力之一。和 Y Combinator 的创始人保罗·格雷厄姆（Paul Graham）、Idealab 的创始人比尔·格罗斯（Bill Gross）以及 Techstars 的创始人马克·苏斯特（Mark Suster）等一样，Amplify. LA 的创始人保罗·布里柯（Paul Bricault）就是一个成功的连续创业者，熟悉创业的整个环节，并从融资、咨询、媒体公关等各个方面对初创企业的启动、发展所需要的资源有着深刻的认识。除此之外，布里柯还担任媒体和技术专业的教授 20 年，也是 20 多家公司的顾问和天使投资者。因此，有着丰富创业经验和对口学科背景的布里柯更懂得如何建立一个有实力的孵化器运营团队。同时，正如布里柯所说，"Amplify. LA 本身就是一个初创公司"，从 2011 年创立至今仍在不断地优化发展，其与入驻的初创公司在业务等方面存在一些相似性，自由开放的公司氛围也有助于 Amplify. LA 团队成员和创业者们相互交流学习。

除了布里柯外，Amplify. LA 团队的其他核心成员也有着对口的学科背景或丰富的创业工作经验。例如，公司的另一位创始人同时也作为管理合作伙伴的奥德·诺伊曾是一名出色的战斗机飞行员，创建了洛杉矶论坛并担任主席，是一位经验丰富的科技企业家；作为风险投资顾问的理查·沃尔珀特（Richard Wolpert）曾担任过公司总裁和首席战略官，目前是超过 25 家公司的创始人或天使投资人；作为风险合伙人的汤姆·麦克纳尼（Tom Mclnerney）曾在索尼等公司担任研发工程师，现在是一个活跃的种子投资者。可见，Amplify. LA 背后的运营团队具有很强的专业性和成熟度，并能够在科技、媒体多个领域为初创企业提供实践指导。

第八节　SeedCamp：呵护每一粒"种子"

■ABOUT

作为目前欧洲最老、最大的科技创业孵化平台，SeedCamp 以"创业项目的第一轮融资"为口号，通过整合全世界投资者和不同领域的专业导师，依托市场营销、业务拓展、技术等领域的丰富经验，为创业者提供创业指导和融资服务。SeedCamp 资助对象主要是种子前期和种子期的技术型初创企业，覆盖医疗健康、金融、企业服务、旅游、工具软件、人工智能等领域。本章相关资料引用自 SeedCamp 官网：http://seedcamp.com/。

一、孵化运行机制

SeedCamp 由连续创业者斯波尔·克莱因（Spaul Klein）、天使投资人瑞希玛·索霍尼（Reshma Sohoni）于 2007 年在伦敦成立，是一个由创始人、制造商、运营商、执行者、投资者和技术爱好者组成的多元化团队。SeedCamp 向种子前期和种子期的公司进行投资，并邀请有兴趣加入 Seed-Camp Nation 的种子前期创业公司向 SeedCamp 网站提交详细信息，以供审核。SeedCamp 相信，高效率是成功的秘诀，也是他们努力向寻求 SeedCamp 投资的创始人提供的东西。

1. 筛选流程开放透明

作为早期投资者，SeedCamp 认为筹款活动要迅速进行，因此构建了一个高效透明的流程。筛选流程的第一步是提交申请。初创公司首先需要在 SeedCamp 的官网上提交初步申请，这里只要求申请者回答几个问题，留下申请者公司的链接，这可以使 SeedCamp 快速了解其业务，另外申请者需要在 SeedCamp 的网页留下联系方式以便后续进行电话联系。SeedCamp 投资团队的一名成员会对申请资料进行初步评审，审核通过之后，投资团队的其他成员和投资者会进行第二步的评审，这一步的评审则需要申请者提供更多的信息。接下来团队会联系报名申请的初创企业，通过电话进行初次交谈。谈话内容一般是对该初创企业和项目进行深入了解，同时通知第三步的筛选要求。第三步也是最后一步，即由初创公司向整个投资团队进行时长为一小时的演示。这里的评判标准主要是创新点，想法比这个项目本身更重要。

SeedCamp 认为初创公司虽规模有大有小，并不统一，但在早期阶段具有一些共同点，其中包括：创始团队的素质、用户思维的深度、预计的市场规模以及面对的挑战。初创企业必须在他们的产品中体现出对上述问题的思考，清楚最后需要多少资金来证明自己的产品适合市场。初始团队对这些要点的思考越深入，就越容易获得 SeedCamp 的投资。同时在最后的阶段，未被选中的初创公司也将得到颇具建设性的反馈意见，获得 SeedCamp 平台上的创业导师、投资者、创业活动等创业孵化资源，找到创业的不足点，不断改进革新。SeedCamp 希望通过对的流程工作方式保持开放与透明，更好地管理申请人期望，努力使申请人快速、轻松地得到申请结果，以便开展下一步工作。

2. Mini-SeedCamp 的运作逻辑

SeedCamp 在欧洲地区的活动被称为 Mini-SeedCamp。在这里，互联网初创企业会遇到最好的欧洲导师和投资者。Mini-SeedCamp 包括了小组讨论和指导课程会议。此会议中，经验丰富的企业家或专家会与年轻的联合创始人及其团队进行交流。SeedCamp 拥有约 2 000 名导师，他们来自世界各大科技中心，其中有四分之一的专家导师是世界顶尖级的创业导师。指导课程会议的时间通常为一个小时，初创公司的创始人及其团队会与指导人员见面并进行交流。

（1）前期反馈之 office hour

SeedCamp 每年会到欧洲的十几个城市开展会晤，会见那些期望建立全球业务、雄心勃勃的初创公司。但 SeedCamp 也意识到，一些公司因为地理位置或是时间因素而无法参加线下的会面，这也正是 office hour 提出的最主要的原因。Office hour 提出的目的在于让 SeedCamp 与初创公司团队进行线上会面，为创业公司提供早期反馈，了解其需要加强和改进的领域，从而对创业者进行指导。初创公司可以提出任何疑问，SeedCamp 的创始人瑞希玛等人会给出一对一的建议。SeedCamp 会仔细地从每个国家或者地区选择 5 家创业公司，每家初创公司有 10~15 分钟的时间，与 SeedCamp 的合作伙伴之一进行视频通话。这是初创公司与 SeedCamp 的创始人直接讨论创业公司情况难得的机会，也是 SeedCamp 对于是否邀请该初创公司加入 SeedCamp 家族的考察方式。

（2）指导人员的身份

SeedCamp 的指导人员需要了解与之配对的初创企业的核心业务，为他们提供最佳的建议并分享经验。指导人员常常会先进行自己介绍，接着是初创团队成员进行自我介绍，这是一个相互了解熟悉的过程。下面团队成员会对产品进行核心的演示和说明，使指导人员了解初创公司的价值主张，为了帮助理解，指导人员常常会对其核心价值进行复述。当初创公司的产品符合指导人员的预期，想法明确，具有一定的可行性时，指导人员接下来便会试着帮助团队成员确定目标客户群体和营销策略。指导人员会针对初创公司着力想解决的问题，结合自身经验给出建议。另外，指导人员会向团队人员说明公司发展过程中的风险与挑战，以集思广益，制定应急方案。除此之外，指导人员还可以是资源的提供方，为初创公司提供一系列支持，比如提供人脉资源、推荐客户联系人等。

（3）团队成员的身份

当以团队成员的身份参加 Mini-SeedCamp 时，创始人可以获得最多的产品反馈建议，这是一个效率最高、导向性最强的获取建议途径。创始人可以在一个小时内免费咨询和聆听经验丰富的企业家、投资者、专业人士的建议，以最快的速度发现自身项目的问题和突破点。创始人需要做的是在活动正式开始的前几天，通过 SeedCamp 的官网搜索可能参加活动的导师列表，了解他们是产品专家、营销专家还是投资者，进而结合自身产品准备咨询的问题。值得注意的是，导师常常很忙，因而准备的问题必须简短而明确，这有助于在有限的时间内得到准确的答案。为了保证项目的成功，创始人一般会在正式会面之前进行演示，熟悉演示文稿。但创始人也应摆正心态，面对不同的演示对象，得到的结果也有所不同，产品专家或许会相对乐观，而投资者却是现实的。

二、SeedCamp 的一路发展

1. 风险与机遇

SeedCamp 成立于 2007 年，当时只有少数投资者信任并选择投资，累计募资约 250 万欧元。尽管如此，怀着无限的野心和信念，SeedCamp 坚信欧洲企业家可以而且有机会在全球范围内进行竞争。2020 年，SeedCamp 以 7 800 万英镑的价格宣布成立 SeedCamp Fund V。SeedCamp 拥有欧洲最佳的融资网络，与天使投资人和风险投资人之间建立有深厚的联系，得到了全球 100 家最具影响力的机构、风险资本家和天使投资者的支持，许多 SeedCamp 支持过的创始人和天使投资人也不断加入进来。

2. 多角度全方位参与

在种子前时期，SeedCamp 可以引入其他天使投资者来锚定初创公司的投资；也可以与其他主要天使投资者一起作为投资集团的一部分进行投资。在初创公司的种子前时期，SeedCamp 将以大约 20 万英镑的投资引领初创公司的种子前投资，通常会以 6% 至 7% 的股权作为交换。一般来说，这些种子前资金范围在 40 万~75 万英镑。初创公司，在第一笔投资结束之后，通过 SeedCamp 的融资网络，往往可以吸引更多的公司对其进行投资。SeedCamp 孵化器的投资人包括 Index Ventures 等 VC 投资、巴里·史密斯（Barry Smith）等著名天使投资人和 HaySeedCamp 等投资公司，这些投资者会根据初创公司的特点进行投资。通常，SeedCamp 在第一轮投资之后，最多可以再进行两轮融资。SeedCamp 也可以参加到由其他投资者发起的对初创公司的积极投资，参与企业的种子轮投资。这一轮投资金额平均约 300 万英镑，其中个人投资额不得低于 50 万英镑。

三、峰会云集

SeedCamp 在不断发展进步的过程中，不断地为团队注入新的元素。SeedCamp 陆陆续续举办了各个领域的峰会，丰富了合作和交流，如营销峰会、首席技术官峰会等。

1. 营销峰会

2018 年，SeedCamp 举办了首届营销峰会，探讨了产品组合中的营销以及品牌领导两个方面的内容。在营销主管娜塔莎·利顿（Natasha Lytton）的带领下，峰会活动吸引了许多出色的演讲者，他们分享了关于建立开拓性业务和互动研讨会的经验。

2. 首席技术官峰会

SeedCamp 从 2015 年开始举办首席技术官（CTO）峰会，主要针对初创公司特定功能领域，为其技术方面提供支持。峰会内容包括了互动研讨会以及与多个技术相关的初创公司面临风险的非正式讨论。CTO 专注于技术问题和最佳实践的探索，对新的趋势、安全性问题、外包服务、微服务等进行学习和交流。例如，亚马逊团队分享了他们如何以"两个比萨饼团队"结构组织团队，如何保证这些小型团队既独立又快速。峰会的价值不仅在于谈话本身，更为重要的是提供了建立联系的机会。正如一些与会的首席技术官所说："今天的意外价值是与其他首席技术官建立了联系。我们进行了一些精彩的讨论，很高兴得知很多人都遇到了类似的问题。"

四、平台优势

SeedCamp 为初创公司的运营提供支持，通过多种工具、资源和世界一流的人力资源来帮助初创企业家建立公司业务。

1. 人才队伍

当下，初创企业面临的最大挑战之一是了解团队的员工，以及如何吸引并鼓励他们更好地工作。初创企业可以在 SeedCamp 的门户网站上发出自己的人才招募信息，对企业信息、岗位要求、职员要求进行详细的阐述。有兴趣的求职者只需要填写自己的专业详细信息和兴趣表，就能加入人才库，而后 SeedCamp 会将求职者员与初创公司进行匹配，最终由初创公司联系合适的求职者。此外，SeedCamp 举办的峰会和研讨会也是共享学习的机会，有助于发现人才。

2. 销售与领导力

初创企业的成长离不开产品销售。从完成最重要的首次销售到组建世界一流的销售团队，SeedCamp 为初创企业提供全方位的指导。SeedCamp 的风险合伙人斯蒂芬·阿洛特（Stephen Allott）通过举办研讨会、一对一会议，让初创企业聚集销售，为其构建强大的销售引擎，并对创始人领导力赋能，引领企业的发展。

3. 品牌与营销

品牌是初创企业的基础，以正确的方式建立品牌十分重要。娜塔莎负责品牌的所有工作，包括市场营销和挖掘品牌背后的故事；与投资公司进行品牌合作；与客户产生共鸣；以及吸引最优秀的人才加入企业，共同实现企业使命。在 SeedCamp 的年度营销峰会上，研讨会、一对一交流和在线社区将来自不同领域的营销人员联合起来，其中包括来自 what3words、GoDaddy 和 HelloFresh 等领先公司的首席营销官。

4. 产品设计资源

SeedCamp 提供丰富的产品设计资源，例如，由其风险合伙人德文·亨特（Devin Hunt）领导的 SeedCamp Design Studio，以及团队年度的产品峰会。产品峰会召集了来自各地的技术和产品领导者，进行集中的互动活动，以解决产品设计中最棘手的问题，即缺少懂得产品设计的技术人才。这些人才必须清楚新的产品能否在客户中保持一贯的影响力。

SeedCamp 不断扩展的产品专家网络包括来自 Babylon Health、GoCardless、TransferWise 和 Deliveroo 等的专家，他们定期分享经验，并为初创企业提供指导。2019 年，SeedCamp 的风险合伙人德文和三位知名的产品专家尼兰·佩里斯（Nilan Peiris，TransferWise① 增长副总裁）、马特·亨德森（Matt Henderson，Stripe 在欧洲、中东和非洲地区的总经理）② 和萨莉·富特（Sally Foote，Photobox③ 的首席创新官），以及 SeedCamp 产品导师一起，与创始人进行了发人深省的讨论和互动，专家们分享了他们在产品相关问题上的专业知识，指出了初创企业当前面临的机会和挑战。

5. 全球网络

SeedCamp 拥有完备的全球网络，可以为初创公司介绍全球运营商和投资者。通过导师网络和专家计划，初创企业可以接触到重量级的业务人物，实现愿景。每年春季和秋季，SeedCamp 的多家初创公司会踏上美国之旅，以获取资本、知识、市场和人脉。美国市场巨大，这对许多欧洲初创企业来说极具吸引力。除了拥有 3 亿多消费者之外，美国还拥有许多世界上最大的公司和投资者。美国之旅会持续两周，前往纽约、波士顿、旧金山和硅谷。在每场活动中，SeedCamp 将召集 50~60 名当地的明星企业家、专业人士和投资者，在简短的交流会上与 SeedCamp 的初创公司会面。重点是分享，无论是个人经验、知识还是人脉关系，这是与美国一些最重要的初创企业建立伙伴关系的好机会。初创公司除了与主要投资者会面之

---

① TransferWise：一家提供国际汇款转账服务的平台，成立于 2011 年，总部位于伦敦。
② Stripe：一家科技公司，致力于为互联网经济打造基础设施，成立于 2010 年，位于美国。
③ Photobox：一家专注于个性化产品和礼品印刷的全球数字消费公司，2000 年创立于法国。

外，还将参观包括 Facebook、Google、Pinterest 和 Stripe 在内的一些公司。美国之行为初创公司提供了访问这些公司（以及更多公司）的机会，以听取专家的意见并推销他们的初创公司。这是千载难逢的机会，可以向最好的人学习。早餐会议、社交活动和晚餐也是体验的一部分，初创公司能够最大限度地利用 SeedCamp 的专家网络，是连接、讨论和建立关系的绝佳时机。

第九节　Educators Park：
构建创业生态的虚拟加速器

-- ■ABOUT

　　Educators Park 创立于 2017 年，是一家总部设在美国迈阿密地区的创业加速器公司，也是虚拟加速器的国际领军者，拥有专业的咨询团队、先进的创业加速体系和全球化的合作网络，3 年时间，已遍及全球 60 多个主要城市。以天使投资为切入点，布局商业和技术前沿，建立了覆盖欧洲、美洲、亚洲主要国家，连接各国产业要素和商品市场的国际商业合作平台。Educators Park 的前身是马斯卡拉的商业咨询团队创建的"羚羊智库"创新与企业家精神计划（Eland Braintrust-initiative for entrepreneurship and innovation）。在其成立的前几年，马斯卡拉带领他在商学院的其他老师和学生，一直为大型企业提供商业咨询服务项目。同时，也与其他个人天使开展对创业企业和创新项目的投资或者加速合作，其中就包括 Novadore、Tapped 等明星项目。2016 年，另一位同样拥有国际背景和视野的合伙人陈耿宣（Gengxuan Chen）加入，陈耿宣对国际化发展的建议与马斯卡拉的想法不谋而合。在他们完成了与 Triveni Group 的跨境商务合作和 Orel Corporation 的贸易咨询项目后，他们在韦斯顿市马斯卡拉的家中策划了 Educators Park 的诞生，并迅速得到更多天使投资人的响应。2017 年年初，他们正式完成了 Educators Park 公司的筹建，并启动了首批 15 个项目的加速计划。本章相关资料引用自 Educators Park 官网：http://educatorspark.com/。

一、Pankaj Maskara 与 Educators Park

潘卡基·马斯卡拉（Pankaj Maskara）拥有金融学博士学位，是美国诺瓦东南大学商学院教授，他对于教育有着特殊的理解与情怀，这也是为什么以 Educators Park 来命名孵化器的原因。他讲授的"创业学""真实世界的金融"一直是商学院最具人气的课程，他的课堂吸引了世界各地的学生，一些学生甚至专门乘飞机去听他的讲座。作为天使投资人，Maskara 与很多同行一样，曾是成功的连续创业者。马斯卡拉是 Navic Networks 科技公司的创业团队成员，担任首席财务官，完成了公司 A、B 轮融资，该公司后被微软公司收购。马斯卡拉还作为首席金融师负责了 Modus Media International 公司上市前的工作，该公司后被 CMGI 互联网投资公司收购。

马斯卡拉成长于一个艰苦的环境：为了支撑家庭，他的父亲在 11 岁时便开始工作，而他自己也在 13 岁开始了工作。由于家庭经济压力巨大，他的父亲甚至无法支撑马斯卡拉完成学业。尽管如此，马斯卡拉天赋过人，学习出色，在 22 岁时便获得两个硕士学位，其中包括世界上最顶尖院校之一——波士顿大学的金融硕士学位。更值得注意的是，在此期间，他曾在多家公司工作，创办过好几家企业。虽然他的经济状况不佳，但他却能够寻找其他的方式提升自己，使其更加充分地利用他所拥有的另一种丰富的资本——智力资本。他时常辅导比他高三个或者四个年级的学生，在计算机刚出现在人们视野中的时候便学习如何使用计算机，随后创办了计算机学院。他在当地的学校任教会计，在成为一名会计之前，他没有上过一门会计课。他所拥有的优势在于——他出生在一个商人社区。因此，他的身边总是围绕着那些敢于冒险、追求高回报的人。他们不是寻找工作，而是想办法创造工作，这也正是马斯卡拉选择创办 Educators Park 的原因。

马斯卡拉相信自己可以凭借他所受的教育来改变自己的命运，从而使他的家庭摆脱贫困，为此他十分重视教育所能够带来的力量。但与此同时，他也将自己的成功归功于其在商界成长过程中不断形成的创业思维。

尽管他取得了成功，但他并没有忘记自己的初心，所以他宣扬这种创业思维，并不断地帮助他人。在他完成研究生教育，并成为互联网时代的创业者的一分子之后，他回到印度，全力资助并运行了一个社会项目，该社会项目持续运行至今，旨在为印度农村的学生提供 K-10① 学校教育。他担任金融学教授已十多年，在这期间他意识到他对教学的热情不只是帮助学生学习金融知识，更是帮助他们找到工作或是开拓自己的事业。

2017 年 1 月，为了界定多年来一直从事的工作，他成立了一个正式的组织机构——Educators Park。他将 Educators Park 的业务范围划分为三个相互关联但又截然不同的领域，这三个领域代表了他所重视的三个功能：一是通过师生管理咨询进行有目的的教育；二是通过创业和创新中心进行创业；三是通过全球商业桥梁进行商业投资。

二、虚拟加速器——开放的创业生态

1. 何为虚拟加速器

虚拟孵化器和虚拟加速器是个相对较新的概念。传统的孵化器为创业者提供创业的基本条件，那些条件对创业者而言要么相对比较难以获得，要么他们不愿将宝贵的时间和精力花在那些基础的东西上，（因此）孵化器为创业者提供办公场所、互联网，以及与可以提供其他帮助的企业家一起工作的环境，这些基础设施已经在那里了，并且已经存在很长一段时间。所谓虚拟加速器，它不是一个具体的东西，更多是无形的、抽象的内容，或者说是一项专门的技能。这些技能并不需要在物理空间上提供给创业者，然而这些内容对创业者而言却非常重要。就像在以前，人们买东西时需要先通过看和摸，感受实物，所以需要一个物理场所，但现在通过互联网寻找合适的产品并进行购买，这在短短数年间就变得司空见惯。我们看到像亚马逊、阿里巴巴这样的公司，他们使虚拟世界不再是幻想而是现

---

　① K-10："K"代表 Kindergarten（幼儿园），"10"代表 10 年级。"K-10"指从幼儿园到 10 年级的教育。

实。同样的，虚拟加速器从根本上来说，也是这样一种模式。Educators Park 通过在专业技能、行业链接等方面对创业者进行指导并提供资源，而这些资源，也向传统孵化器提供的办公桌、办公室一样，节省了创业者的成本，使得他们将更多成本用到创业更需要的地方。

2. 开放的创业生态

创业生态是一个系统的理念，市场主体之间相互作用、影响和促进，企业、劳动力、资本这些市场要素在生态内在动能驱动下流动，从而创造价值、分配价值。为了更大限度地提高加速能力，完全摆脱物理条件对孵化器的约束，Educators Park 将自己定义成"一个构建创业生态的虚拟加速器"。这个创业生态中，Educators Park 跳出自己本身，实现创业生态构建。它与孵化器合作、与大型公司合作，为其提供价值创造的引擎——即 Educators Park 虚拟加速器，见图 2 创业生态图。除此之外，Educators Park 还与市场上其他要素资源合作，充分利用市场资源，降低自身运营成本的同时，增加专业集中度和辐射能力。

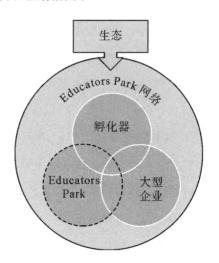

图 2　创业生态图

开放性是 Educators Park 创业生态的一大特征，相对于传统的孵化器、大型企业，创新的价值发掘、价值实现不受制于在孵化器或企业内部实现。传统的孵化器有着明显的界限，那是出于保护自身利益和竞争的结果。试想两个类似模式的孵化器之间肯定存在十分明显的竞争关系。Educators Park 与传统孵化器可以更好地实现合作共生，因为它将孵化器除"帮助创业者提升价值创造"外的其他功能都进行了剔除，于是，它与孵化器之间，就将竞争变成了互补。比如在迈阿密，Educators Park 的投资人、创业教练就活跃于 Venture Café、Lab Miami 之类的孵化器。Educators Park 通过对大型企业战略咨询业务建立起企业关系网络，为初创企业和合作伙伴提供分销和市场开拓的机会。同时，通过为创业企业提供加速计划，掌握更多商业模式、技术发展的前沿，为大型企业战略发展提供更具参考性的内容。另外，加速的创业公司也可能正是大型公司探索或者复制商业模式的战略选择。另一个例子：Educators Park 通过与世界各地的职业培训中心、大学、孵化器和企业建立合作伙伴关系，为初创企业提供实验室、器材，用于科技与医疗产品的研发。

3. 价值创造是真正的核心

Educators Park 始终认为，一个优秀的孵化器必须确保创造的价值在孵化器中得到加强。因为存在极大的不确定性，孵化器提供资金也面临着一些风险。一些创业者并不能真正地创造价值，甄别这类差的创业者，并筛选有能力且聚焦于价值创造的好的创业者是孵化器在投资前需要做的。Educators Park 认为好的商业模式一定是满足了特定的需求，相反，另一种模式则基本上是一种机会主义，仅仅是一种投机的获益。

Educators Park 反对现在很多像工厂模式一般运营的孵化器。Educators Park 认为那些工厂化的孵化器，提供的服务就像一条条生产线，把创业当作一种产品，并试图通过某种方式提供标准化的服务，从而把创业公司变为孵化器的产品。而优秀的孵化器实际上应该是为每一个正在孵化的创业公司进行一系列的个性化、定制化服务，以确保每一个创业公司都能得到所需要的关注度和专业指导。对创业者而言，定制化服务就是孵化器为创业者们提供的最好的东西、最好的服务。

第一章 自发型孵化器

三、创新中心与商业咨询

1. 创新中心

Educators Park 笃信创新是推动商业发展的最基础动力，同时，创业也不能只是一个泛泛的概念。他们强调创新不是一个计划的产物，而是产生于解决问题的过程之中。Educators Park 的一句格言：Where problems park and solutions spark。Educators Park 认为创新是无法被专门设计的，但是可以通过设计创新中心来助力创新的产生。好的创新中心应该具有三个核心要素：思维、前沿性、多元化。

思维。无数的企业声称自己在创新，但事实上鲜有真正做到的。这是因为创新不是那种由某个专家写一篇文章就能达到的结果。创新是思维模式的结果，并通过创始团队所倡导的文化形式，渗透到组织内部。Educators Park 只专注于价值创造，强调"don't think outside the box，break it"（打破视野，无限想象，见图 3），可以说创新是 Educators Park 旗下组织的 DNA。他们所孵化的创业公司一直在追求更好的方法，这正是其鼓励的创新思维。另外，Educators Park 不会嘲笑失败，而是鼓励有意识地从这些失败经历中取得收获。

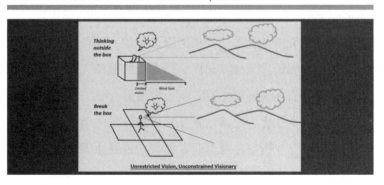

图 3 Educators Park 强调的"打破视野，无限想象"

前沿性。新技术的不断推出，让更多新的应用和新的模式的问世成为可能，从而为问题的解决提供了新的工具和方法。市场结构持续发生着变化，经济体中生产结构和消费结构的改变，为市场带来了新的供给和需求，社会也对这些改变做出了回应。总之，这创造了很多新的商业机会。创新型组织能够适应社会变化，并能够区分长期转变和短期偏离的区别。他们能够制定发展战略，通过改变他们的过程和方法，从转变中受益。

多元化。"多元化"一直是硅谷等创新生态中的代表性元素。然而，Educators Park 赋予了多元化更全面的含义，他们重视多元化观点的价值，并强调其意义。一个人对事物的思考框架通常是由他个人独特的经历形成的。这些经历取决于他在什么地方成长，在什么地方学习，以及学习了什么。他的文化背景、职业等也会影响他的经历。一个鼓励基于不同经历产生多元化观点的环境能够激发创新方法和解决方案的产生。

Educators Park 与合作的孵化平台、大型企业共建创新中心，通过上述创新核心要素的植入，就自然而然形成了一个生动的创新氛围。

2. 商业咨询

（1）社区成员

Educators Park 努力培养一个由企业、学生和当地大学教师组成的社区，在那里他们相互支持和指导，帮助实现个人和集体的成功。Educators Park 汇集了：企业，在特定项目和机会上需要专家专业知识的企业；学生希望在现实项目和商业机会上进行体验学习的有才能的学生；教师，在专业及行业领域内希望保持敏锐，并希望将前沿的商业经验带到课堂上的教师。

（2）运行逻辑

Educators Park 会分析创始人的项目需求，并将他们与具备相关技能和现实生活经验的大学教师匹配。这个过程快速而有效，没有繁文缛节。

Educators Park 团队人员会评估项目需求，并与世界一流的大学教师进行匹配。这些教师是该领域公认的专家，并具有真实的行业经验。教师主导咨询工作，对初创公司负责，并给出最终的分析和建议。同时，教师会特地挑选出极富才华的学生与他们一起工作，给出建议和反馈。

教师的相关经验和学生的热情，有助于提供最佳的解决方案。企业可以以较少的费用获取高质量的解决方案。

四、Educators Park 加速计划

1. 教育与加速的理念

Educators Park 的加速计划体现了教育这一核心理念。事实上，教育是 Educators Park 的基因。对教育的看法和定义，不应受既定教育框架的限制，Educators Park 认为教育应该深深植根于通过体验式的、创新性的和不断练习的方式来有目的地获取知识，并对知识进行有意义地转换，以更好地造福社会。Educators Park 在教育的理解和教育方法应用方面存在优势，并致力于传播价值创造的核心理念，也正如其一直宣称的：we focus on value, value, and value！

Educators Park 加速计划会先确认创业者在加入该计划时所具备的能力，并进一步强化这些能力。同时，会对创业者进行创业方法和技能方面的训练，来弥补他们现有能力的不足，并为他们应用这些新获得的技能去创造持久价值提供必要的资源。Educators Park 一直强调教育源于好奇心，所以创业者可以在他们的帮助下，花费最少的精力，积极有效地探索创新商业的前沿领域。在这个加速计划的框架下，创业者将站在"巨人的肩膀"上，他们将能够独立应对充满变化的市场，创造出新的解决方案，而不是成为重复生产的"齿轮"。

2. 加速计划的内容

（1）创新加速计划

Educators Park 认为创新是价值产生的原动力。在创新加速计划中，Educators Park 重点为初创企业提供以下内容：基础创新理论，如创新启示（innovation inspiration）、设计思维（design thinking）、商业模式逻辑（business model logic）等；现代创新方法，如开放式创新（open innovation）、商业模式设计（business model design）、产品迭代（product iteration）等；初始创新要素，如前沿技术（frontier technology）、价值品牌（brand identity）、新兴模式（emerging mode）等。

Educators Park 会将上述内容全部或部分融入定制的创业活动计划中，帮助创业者快速掌握"点子—商业模式—产品"（Idea – Business model – Product）的开发过程。

（2）管理加速计划

管理加速计划是要让创业团队获得必要的商业管理技能。在这个计划中，重点为创业公司和创始人们培养以下这些关键能力：

团队建设能力——了解如何配备更有战斗力的基础人力资源。

公司治理能力——培养企业管理专业知识技能，以提高公司内部运营效率。

商业开发能力——外部竞争与合作机制的发展战略。在竞争环境中达成合作，是现代商业环境中创业者具有出众应对能力和管理水平的标志。

Educators Park 的目标是通过管理加速计划帮助年轻的企业家们实现"创始人—经理人"（Founder – Manager）的转变。

（3）市场加速计划

市场是公司实现商业价值的终极阵地。市场加速计划帮助创业者更充分地了解市场，并利用自身独特的核心竞争力成为市场的主导者，从而更好实现公司的发展。该计划主要提供以下几方面市场相关知识：

一是市场原理。创业者要明白，所有商业项目在市场中，其本质都是分工的体现，在当今世界，不断提升自身专业性才是保持持久市场竞争力的不二法门。

二是价格策略。定价是进入市场时最核心的话题，这里又回到价格策略的原点。价格策略并不意味着价格竞争，不同背景下的价格策略是不同的，没有最完美的定价，只有最合适的产品特性定价。

三是分销渠道。创业者必须知道，销售能力并不是创业公司体现竞争力的方式，除非你是一家专注销售的贸易公司。不过，分销的方式和渠道却是非常重要的一环。Educators Park 的三维立体网络遍布全球、跨行业且具备多功能，可以为初创企业快速高效地开拓市场提供必要的条件。

尽管分销对企业成功至关重要，但因为初创企业必须把握市场机会，实现快速扩张，所以他们通常没有足够能力在内部开发分销的架构。因此，市场加速计划强调企业家只需要专注于核心能力，尽可能更短、更快速地搭建起产品推广到产品盈利的通道，从而让投资者保持投资兴趣。

总而言之，市场加速计划的目标是让企业家能更快且稳定地进行"产品—利润（product-return）"的转化过程。

（4）资本加速计划

绝大多数情况下，获得风险投资都是一个自然演进的过程，是创业项目前景得到认可的结果，而非创业成功的前置条件。在资本加速计划中，Educators Park 会对创业公司提出以下问题，并试图帮助他们找到答案：

·你的项目为什么还没有获得投资人的青睐？是没有被投资人知道、时机不对、关键问题尚需解决，还是你的创业可能本来就在错误的方向？

·到底谁是潜在投资人？对于创业的早期阶段，投资人的性质更倾向于合作伙伴，那么如何界定以及识别"好"的投资人和"坏"的投资人？

·你是否真的做好了融资的准备？资本会加速你的成功，同时也可能加速你的失败，融资也意味着支出事项增加，你是否考虑过财务规划，又是否知道如何规划？

拥有正确的合作伙伴对创业成功是至关重要的。通过资本加速计划，能够让创业团队高效地验证投资价值、甄别投资伙伴、利用资本要素。"资金+专业+人脉=Educators Park 投资人"（Money + Expertise + Connections = Educators Park Investor）是 Educators Park 的投资理念。该理念强调投资人不应只是提供资金，还应该是懂行并且能提供社会资源来帮助创业者成功的人。

第十节 SOSV：专业化定制加速

---- ■ABOUT ----

　　作为一家全球风险投资机构，SOSV Investments LLC（以下简称 SOSV）关注多阶段风险投资，致力于为不同行业的初创公司提供资金保障，运行着多个世界一流的垂直加速器计划：中国加速（Chinaccelerator）、IndieBio（生命科学领域的加速器）、Food-X（食品创新领域的加速器）、HAX（硬件和连接设备领域的加速器）、MOX（亚洲的跨境互联网和移动领域的加速器）以及 dlab（区块链、数据和去中心化领域的加速器）。力图为来自世界各地的精英创业公司打造一个全球社区，着力解决机器人技术、互联设备、农业技术、生命科学、硬件、亚洲跨境和未来食品方面的重要问题。社区成员共同遵守 SOSV 提出的行为准则，营造一个风清气正的交流合作平台。本章相关资料引用自 SOSV 官网：https://sosv.com/。

一、全球风险投资领军者

1. 顶级投资者

SOSV 关注票据贴现率低于 5% 的任何行业的初创公司，以多阶段的投资为出发点，为种子期、风险期以及成长期的初创企业提供后续投资。SOSV 在全球范围内运营 7 个加速器计划，每年对 170 多家公司进行投资，其独特的全筹集模型在过去 20 年中实现了净内部收益率超 36%，跻身全球所有风险基金的前 10%，在私募管理者中排名世界前 5%。SOSV 通过 900 多家初创公司的投资组合，管理超过 7 亿美元的资产。合伙人肖恩·奥沙利文（Sean

O'Sullivan）在 MapInfo① 首次公开募股后于 1995 年创建了这家公司。SOSV 在 2010 年开设了第一个中国加速器计划"中国加速"（Chinaccelerator），并且是第一个创建硬件领域（HAX）和生命科学领域（IndieBio）加速器的投资机构。如今，该公司在北美、欧洲和亚洲的 9 个地区拥有 110 名员工，其中有 8 个普通合伙人。SOSV 每年向使用加速器的公司投资约 50 万~7 000 万美元，并在后续阶段为这些创业公司提供支持。初创公司以股权作为交换，参加为期 3~6 个月的协同创业加速器项目。

2. 垂直生态系统的构建

SOSV 凭借其财务资本和人力资本致力于为初创企业构建垂直生态系统，推动初创公司产品的优化，实现可持续健康发展。报名进入 SOSV 加速器的初创公司有机会参加 3~6 个月的密集托管计划，与其他创始人一起工作、讨论，寻找项目的闪光点和突破点。SOSV 的专家和技术人员，例如生物医学博士、电气工程师、设计师等可以为创始人提供现场支持，加速产品的开发过程。SOSV 的导师是除专家和技术人员之外，能够给初创公司提供发展方向和指导性建议的关键角色，SOSV 公司有一千多名具有深厚市场基础和技术专长的全球导师，他们会结合当下的全球局势和行业发展势态，给初创公司提出建设性的指导意见。探索需要确切的实践，实践是检验真理的唯一标准。SOSV 为初创公司配备了无与伦比的基础设施，如世界级领先的电子制造空间，对创始人的实践验证需求提供绝对的支持。SOSV 每年在基础设施上的投资超过 1 000 万美元，用于建设和运行湿实验室、电子实验室和机械设施。这些项目可以帮助初创公司加快产品的开发速度，并增加了初创公司、投资者和 1 000 多名专业导师思想碰撞、交流的机会。为了保证初创公司获取丰富的资源，SOSV 不断扩大其全球社交网络，与全球 2 000 多位创始人建立联系，组成高效而紧密的网络体系。有了以上资源的支持，SOSV 能够为各行业的初创公司提供丰富的加速器项目。

---

① MapInfo：全球性的软件公司，通过整合软件、服务与资料协助顾客了解地理信息的价值。

二、世界级加速项目

1. 中国加速——中国领域的动态开拓者

2010 年，西里尔·埃伯斯韦勒（Cyril Ebersweiler）和肖恩·奥沙利文（Sean O'Sullivan）决定在上海成立中国加速，以此在中国组建和领导早期初创生态系统。中国加速是第一个在亚洲推出的加速器，由全球风险基金 SOSV Accelerator VC 运营，该基金的资产管理规模超过 7 亿美元，管理 6 个全球加速器。该加速器旨在帮助来自世界各地的、从世界各地进入中国的，以及从中国到世界各地的互联网初创企业，在整个亚洲开展业务。这是中国第一个由导师驱动的种子资金加速器计划，帮助企业家在信息技术的最前沿进行创新。经过加速的初创公司可以选择直接进入中国，或者选择扩大业务范围，在整个东南亚进行延伸，最终在全球占据主导地位。中国加速通过导师、合作伙伴以及投资者，为初创公司提供三个月的严格指导。如今，SOSV 已成为世界上最活跃的早期投资者之一。中国加速建立了一个全球性的社区，拥有 360 名导师，160 家投资组合公司以及 150 多个国际和本地合作伙伴。尽管风险和不确定性很高，但天生具有企业家精神的肖恩和西里尔致力于通过该加速器来形成和塑造中国早期的初创企业生态系统。在宾威廉（William Bao Bean）和奥斯卡·拉莫斯（Oscar Ramos）的领导下，中国加速始终与企业家一起，坚定地朝着非常规道路迈向更光明的未来。正如西里尔所说，"在过去的十年中，我们只追求一件事：帮助企业家从头开始并取得成功。"自 2010 年以来，中国加速一直致力于为杰出的初创企业家提供资金，从头开始培育跨国公司，积极探索最具创新性和最有效的商业模式，并为全球用户和客户提供优质的产品和服务。不论创业公司经营什么垂直领域（消费互联网、移动互联网或工业互联网），它们都具有扩大其业务领域的能力。

2. IndieBio——有生命的加速器

IndieBio 是全球最大的种子生命科学和生物技术创业加速器，位于旧金山，后在纽约增设办事点，致力于资助那些解决人类生命中最紧迫问题的创业公司。SOSV作为植物性食品、细胞农业、计算生物学和再生医学领域的早期投资者，自2014年在旧金山创建了世界上第一个生命科学加速器起，在过去几年中为近200家生命科学初创公司提供支持，这些公司的总估值超过30亿美元，募集资金超过7亿美元，并雇用了2 000多名员工，这个数字包括诸如孟菲斯肉类（细胞农业）、普雷利斯生物制剂（人体组织工程）、NotCo（基于植物的无动物食品）和完美时光（无奶牛奶）之类的先进高科技创业公司。IndieBio拥有业内最具有竞争力的条件，计划每年用20万美元的资金资助20~30家生命科学初创公司，仅以换取团队中的少量股权作为交换。随着IndieBio从旧金山延伸到纽约，SOSV资助资金不断提高，受资助的初创企业数量增加了一倍。

IndieBio纽约是在纽约州生命科学计划的支持下创建的，该计划由纽约州的经济发展厅管理。纽约州将在五年半的时间内投入高达2 500万美元的资金，支持IndieBio的工作将生命科学领域的企业家与将其推向市场所需的工具和资源联系起来。纽约市伙伴关系基金将向通过该计划的初创公司投资1 000万美元。该计划将与纽约领先的学术机构合作，将本地和全球的创新产品商业化。由纽约IndieBio资助的初创公司必须在该计划期间迁移至纽约，以便利用东海岸生命科学行业的广泛资源。与此同时，IndieBio还将为接受该计划的每家初创企业提供高达200万美元的资金，这是世界各地加速器首次提供如此丰富的资金福利。

3. Food-X——食品技术革新

Food-X是全球排名第一的食品技术和农业技术加速器，帮助企业家以最快的速度将其产品和服务推向市场。Food-X成立于2014年，总部位于纽约，两次获得 *Fast Company*① 的认可，成为食品类别中全球十大最具创新力

---

① *Fast Company*（《快速公司》），为与 *Forctune Magazine*（《财富》）和 *Businessweek*（《商业周刊》）齐名的美国最具影响力的商业杂志之一。

的公司之一。Food-X 已经对近 100 家公司进行了投资，这些公司已经在加速后筹集了数百万美元的资金。Food-X 的使命是在整个食品系统中促进创新和变革，为从前期的农业科技到后期的品牌销售的整个供应链中的早期食品公司提供支持。加入该加速器项目的初创公司可以获得资金以启动公司业务，还有专家对创始人的投资方案、信息传播方式进行完善。Food-X 有世界一流的关系网络，可以与全球最佳的食品商业的参与者、投资者、企业家以及媒体专家沟通交流，检验初创公司商业模式、营销和运营的可行性。另外，以导师为导向的主导课程的开设，方便创始人了解和发展业务。初创公司也可以与同行业的公司、校友以及导师形成合作关系，与志趣相投的企业家共享知识和资源。加入 Food-X 计划的初创公司将参加为期四个月的项目，在战略上建立初创公司的导师、顾问以及投资者网络，通过种子基金和其他方式为公司业务提供指导。初创公司会定期与 Food-X 的团队、导师、校友以及驻地专家会面，旨在优化营销信息，改善用户体验，完善公司运营方式，在数周内达到其他创始人几个月或几年才能完成的目标。在整个计划中，创始人有机会向 Food-X 的联合投资者们介绍公司情况。在 Food-X 加速器计划完成后，初创公司仍可以通过 SOSV 的全球网络寻求支持。Servy 创始人兼首席执行官罗伯·埃德尔（Rob Edell）谈道："Food-X 帮助我们开发并推出了经过市场验证的产品，筹集了风险投资资金，并结识了该领域的领先技术公司之一。没有 Food-X 和 SOSV，我们将无法实现我们所要做的。"

4. HAX——攻坚克难

HAX 是世界上首个也是有着最丰富的硬件、机器人和连接设备的加速器，于 2012 年在深圳、旧金山以及东京成立。HAX 是在高科技初创企业中最活跃的早期投资者，它帮助创始人使用机器人技术、物联网、数字健康、消费产品和工业技术进行建设。HAX 种子计划将这三者：经验丰富的产品开发团队、多阶段风险资本投资以及与全球创始人社区联合起来。自 2012 年以来，HAX 已在旧金山、深圳和东京各地投资了 250 多家将硬件和软件网格化的创业公司。HAX 每年投资超过 2 500 万美元，包括三个重点分配领域：一是工业领域，占投资总额的 70%，当下自动化和传感技术正在迅速为跨行业的企业和工业客户释放新的价值，在未来的几十年中，一些世界上最成熟的行业将发生大规模的转型。二是健康领域，占投资总额的 25%，医疗保健向数字化方向发展，最新的技术和模型通过使用数据和新颖的治疗方案，使其更加有效。三是消费者领域，占投资总额的 5%，当技术释放出个性化的用户体验或实现超越当前零售标准的新型分销方式时，将带来巨大的机会。

5. MOX——移动应用排头兵

MOX（the mobile only accelerator）是移动应用加速器，由宾威廉（William Bao Bean）于台北推出，与 Chinaccelerator 是姐妹计划，该加速器仅专注于移动市场。MOX 是用于跨境移动互联网领域的加速器，以印度和东南亚等国家相关领域的初创公司为主，为移动市场的 40 亿用户提供服务。MOX 拥有丰富的导师资源，包括宜家哈罗德·鲍尔（Harold Ball）、腾讯杨丹宁（Dan Brody）、TechSauce 联合创始人阿玛瑞特·查罗恩潘（Amarit Charoenphan）等 360 位导师。

6. dlab——加快去中心化

dlab 成立于 2018 年，旨在为正在使用区块链和其他去中心化技术创建更加开放、透明和参与式系统的初创企业提供资金和资源。dlab 通过远程加速器计划和纽约市的现场工作室，为全球种子前和种子阶段的初创公司提供高达 25 万美元的分阶段、程序化的风险投资。

除了提供资金外，dlab 团队还通过可靠的计划审查、反馈会议、指导者培训以及在产品架构和设计、用户体验、业务开发和筹款策略等方面的定制化服务来为初创企业提供支持。作为 SOSV 加速器系列的一部分，创始人可以从 SOSV 以及其合作伙伴和领先的基础设施提供商中获得更多后续资金的机会。SOSV 还会频繁组织一些活动，以帮助初创公司识别和发展产品和业务，并与集团投资者建立联系。

三、规范化的社区管理

1. 建设良好的社区氛围

SOSV 社区是一个遍布全球的初创企业家族网络，成员涵盖从过去到现在直至未来的创始人、员工、顾问、SOSV 导师、合作伙伴。通过不同的加速器项目以及丰富的导师资源，SOSV 帮助不少初创企业取得巨大成功，SOSV 团队也走得更远、更快。为了保证良好的社区氛围，参与全球社区的初创公司必须遵守一定的行为准则。SOSV 已将最新的《行为准则》发布到 SOSV 网站上，并通知到创始人，并在每个 SOSV 加速器计划中将《行为准则》作为入职培训的一部分。此外，SOSV 所有的员工都必须签字同意并理解、遵循《行为准则》。

2. 规范化的运作流程

SOSV 社区的成员必须遵守所有本地法律、法规和规章制度。最高的诚信标准则是社区内部互动及业务实践的基石。若员工之间发生冲突，则根据 SOSV 员工利益冲突政策，必须将其报告给适当的当事方再行处置。每个初创公司都必须在 SOSV 首次投资时如实填写一份 SOSV 道德合规调查表。同时，SOSV 绝不是一个包容不当、违法、破坏性或辱骂性行为的场所。SOSV 将不当行为定义为任何形式的口头、书面或身体虐待，和使用直接或间接的贬损或歧视性语言、手势或行为，以及任何形式的骚扰、霸凌、种族主义、性别歧视或任何其他有意的针对性评论。与 SOSV 社区的成员进行沟通时，可能会涉及一些非公开的信息，SOSV 社区非常重视信息的机密性，社区成员需要对内部交互信息进行保护。这种建立在 SOSV 成员之间的自由裁量权意义重大，也是彼此互信和互惠关系的基础。SOSV 可以对不符合《行为准则》规定的任何个人或团体采取酌情决定权。在某些情况下，创始人对其联合创始人、员工或顾问违反行为准则的行为负责。针对此类违规行为的执法行动可能包括但不限于将创始人从项目、加速器计划、工作空间或全球社区中驱逐。良好的社区氛围的维护需要社区成员的爱护和监督，社区的所有成员都有责任遵守和维护社区的规范。

第十一节　AngelPad：忠于目标，共创共生

> ■ABOUT
>
> AngelPad 由夫妻团队——托马斯·科特（Thomas Korte）和卡琳·玛吉斯卡斯（Carine Magescas）于 2010 年联合创办，坚持遴选他们愿与之共事的少数真正优秀的初创公司，并始终以"初创公司的成功"为目标开展业务活动。AngelPad 拒绝规模化，他们坚持小班制教学和一对一导师建议的模式，这也使得 AngelPad 具有高质量的孵化水平。AngelPad 的所有初创公司已筹集了超过 22 亿美元的资金，平均每家公司超过 1 400 万美元。目前，AngelPad 已被风投公司称作"Anti Y Combinator"[①]，成为美国加速器行业位列前茅的孵化公司。本章相关资料引用自 AngelPad 官网：https://angelpad.com/。

一、秉承认真，坚守初衷

1. 创立故事

AngelPad 创立于 2010 年，由托马斯·科特（Thomas Korte）和卡琳·玛吉斯卡斯（Carine Magescas）联合创办，在旧金山和纽约皆设立了工作点。不论是在业界还是学术界，创业的艰辛是大家有目共睹的。人们都在思考是否有潜在的方案能够助力初创公司的发展，试图降低创业的困难程度。曾担任谷歌首席全球产品市场管理员的 Thomas 和另外六位谷歌前员工也在思考这个问题，试图给出答案。他们认为，"强大的导师和资源支持"可能是解

---

① Anti Y Combinator：Y Combinator 对立者。Y Combinat 是美国最著名的创业孵化器之一，以加速大量的初创公司而闻名。AngelPad 因其少而精的项目和高质量的孵化水平而被誉为 Y Combinator 对立者。

决该问题的一个方案。于是，在 Thomas 的带领下，AngelPad 建立了。简单来说，AngelPad 就是一个由七名谷歌公司前员工创建的导师制的加速器计划，旨在帮助科技创新企业生产更好的产品，吸引更多的启动资金，并且帮助其成长壮大。AngelPad 团队的出身，使其在创立之初就在硅谷产生了不小的影响。

虽在创立之初，AngelPad 无法与 Y Combinator 相比，但发展至今，已有风投公司将 AngelPad 称作"Anti Y Combinator"，可见，它们的业务水平和加速结果是受到业界肯定的。《福布斯》杂志在 2012 年将 AngelPad 评为"全球前 5 名加速器"。麻省理工学院、布朗大学和里士满大学每年也会对160 多个美国加速器进行评估，以确定表现最好的项目。在它们的评估中，自 2015 年以来，AngelPad 每年都跻身榜首。来自麻省理工斯隆学院的耶尔·霍赫伯格（Yael Hochberg）曾将 AnglePad 的登榜归因于 AngelPad 各期毕业生的极高满意度、投资组合公司的高估值和高筹款成功率。

2. "家人"团队

AngelPad 的"家人"，是真正意义上的家人。联合创办者托马斯和卡琳就是一对法定夫妻，他们于 2001 年在旧金山的一家初创公司相识。虽然是"家人"团队，但这并不影响他们在工作上的专业性和严谨态度。

自 2002 年以来，托马斯在谷歌工作了 7 年。当他加入谷歌的产品团队时，团队成员只有 7 人，而他负责所有谷歌产品在欧洲的发布，参与并见证了 Adwords、谷歌地图和谷歌购物等产品的发源。托马斯是两项专利的作者，这两项专利至今仍然是 Google 搜索排名和广告货币化产品的重要组成部分。托马斯是谷歌的第一位国际产品经理，也曾是谷歌欧洲搜索代理业务领导和谷歌传道者。可以看出，不论是在产品的打造、创新发明还是团队的领导上，托马斯都有着丰富、专业的工作经验和信息、人脉资源。而卡琳本身就曾是一名优秀的创业者，对创业的整个历程和可能会遇到的困难有着深刻的认识和体会。她拥有丰富的创业经验，并在品牌、信息传播和讲故事等方面有着卓越的才能。她早在 2003 年就创办了一家电子商务初创公司，纽约现代艺术博物馆是众多客户之一。在此之前，她在法国和硅谷的几家上市前初创公司领导过产品管理和营销团队，以及战略伙伴关系和客户成功团队。2017 年，卡琳在 TechCrunch 第十届年度 Crunchies 颁奖典礼上被提名为"年度天使投资者"。

这样具有专业性的两个人，在工作中协作得很好，对待工作始终保持严谨认真的态度。他们对每个 AngelPad 课程的几千份申请总是亲自查看。对已加入计划的每个初创团队也始终保持紧密的联系和交流。据已加入 AngelPad 计划的创业者埃迪·西格尔（Eddy Seagal）说，托马斯和卡琳在整个加速器计划内会想方设法推翻你的方案、"泼你冷水"，但同时他们也会保持完全的尊重并提供应有的帮助。在一些日常的晚餐中，他们会像朋友一样给创业者们提出建议和一些内幕消息。他们这样的一种相处方式使创业团队们能够在轻松安全的环境下，也保持严谨与危机感，并得到进步。

3. 目标纯粹

相比于其他孵化器，AngelPad 的目标更为单一明确。正如 AngelPad 的座右铭"您的成功就是我们的成功"所指，他们所做的一切都只为一个目标，就是找到真正优秀的公司与创始人，并让加入 AngelPad 计划的他们取得成功。如果初创公司成功了，就意味着 AngelPad 的成功。他们始终百分之百与初创公司和创始人们保持一致。不少参与者表示，AngelPad 在目标的指导下的确为自己和创业团队提供了具有针对性的指导并推动了他们的成功，是值得再次参与的计划。例如，曾参加第 12 期 AngelPad 加速计划的文林特·琼（Vincent Joan）评价说，"在计划中，我们更加清楚地了解了自己是什么、正在做什么以及服务谁。在 AngelPad 加速器地引导和帮助下，一切都变得容易起来"。

二、小而精的加速器计划

1. 关于加速器

与 IIDF 或 Dreamit Ventures 等孵化器不同，AngelPad 没有内设多种多

样的加速器计划，其业务主体或其本身就是一个加速器计划。每期加速器为期 10 周（约三个月），每年共两期。在三个月高强度的加速项目里，AngelPad 将与创业团队一起对初创公司的商业模式、产品设计、客户拓展等多个方面进行优化。当然，除了业务上全方位的准备外，初创公司也将参加投资者会议，通过各渠道进行融资，并到真实的市场中去验证自身价值，完成从"几乎没有想法"到"受风投公司支持的硅谷初创公司"的转变。整个计划曾以演示日（demo day）作为高潮，但发展至今，演示日的模式有所变化，在后续版块会进行详细介绍。

而在投资与融资方面，AngelPad 是拥有最好的融资记录的加速器之一。自 2010 年以来，AngelPad 已资助了 150 多家初创公司，共筹集了 22 亿美元，平均每家公司完成融资 1 400 万美元。在资助的公司中，有近 10% 的初创公司价值已超过 1 亿美元。

现如今，许多孵化器都高举"规模化"战略，承接了更多的初创公司的加速项目，并在越来越多的城市进行着扩张。但 AngelPad 拒绝规模化，它们始终坚持遴选自己愿与之共事的少数初创公司，并全身心地投入到被选入计划的各公司具体业务中。也正是因为 AngelPad 集中力量只专注于这少部分的优质初创公司，才使得 AngelPad 高速成长起来。近年来，AngelPad 已多次在美国加速器行业排名中位居榜首。

2. 专注于科技的投资组合

在行业选择方面，AngelPad 专注于科技初创公司。它们所选择的公司往往都是致力于通过技术来解决市场中的共性问题，并期望建立大公司的团队。在现有的投资组合中，几乎可以在任何与技术相关的垂直领域找到加入 AngelPad 计划的初创公司，现涉足领域包括 SaaS（软件即服务）、市场、核心技术、广告、API（应用程序编程接口）、移动、医疗保健、AI（人工智能）、数据、B2B（商家间的电子商务交易）、B2C（商家到消费者的电子商务交易）甚至无人机。不少初创公司已被大企业以高价收购。比如，曾参加第三期计划的 Vungle 以 7.5 亿美元的价格被黑石公司收购。

3. 超低的录取率

AngelPad 面向全世界开放，来自任何地方的创业者都可以进行申请。AngelPad 每年有两个申请季，间隔 6 个月。当创业团队认为自己准备好时，即可通过官网提交电子邮件，在申请期开启时即会收到 AngelPad 的结果通知。对于每一份申请，托马斯和卡琳都会亲自审核，如果看到 AngelPad 所喜欢的，夫妇团队将亲自采访相关的创业团队。

由于对遴选少数最佳初创公司的坚持和内部独特的加速机制，AngelPad 的申请通过率非常低。它们的全方位、具有针对性的支持与帮助吸引了大量的初创公司提交申请，但每年 AngelPad 只会接受 20～30 家公司。据相关数据统计，每次申请季皆有约 2 000 家初创公司提出申请，但最终被接受的只有 10～15 家公司，接受率不到 1%。不过，一旦被接受，AngelPad 将为你的团队提供优质的导师服务和社区资源、充足的种子资金以及广大的投资者人脉网络。同时，初创公司将有机会进入 AngelPad 旧金山办公室，与优秀的创始人一起工作。总而言之，AngelPad 的硬件和软件资源皆可为你所用，托马斯与卡琳所带领的 AngelPad 团队也会尽可能满足你的需求，全力支持你的事业。

三、独特的内部机制

1. 提供一对一建议

几乎所有的孵化器或加速器都有自己的一套内部导师系统，但它们各自的亮点也有所区别。例如，Y Combinator 的部分导师会由往期成功孵化后表现优异的"学长学姐"担任，他们的切身经历能够帮助到初创公司。因此，成功经验的共享成为 Y Combinator 内部培训的亮点。但包括 Y Combinator 在内的许多孵化器，它们的"规模化"使其内部初创公司数量增多，在创业社群网络得以扩大的同时，也带来了导师供应不足等问题。因此，它们的课程或导师往往都是"一对多"的，从逻辑上说，这样的机制就很难保证能够真正指导所有的初创公司。并且，正如 AngelPad 的学员埃迪·西格尔所说，其他孵化器可能更强调导师的数量和头衔，而不是咨询的质量。也许跟一群有名望的导师见面很酷，但最终可能会导致信息的超载。

而力图只为少数初创公司服务的 AngelPad 则没有这样的问题。他们实行真正的一对一导师制，每一个创业团队都可以得到 AngelPad 一对一的指导和建议。在 AngelPad，以托马斯和卡琳为主的导师团会真正花时间了解初创公司的业务。它们每期课程的规模限制在 12 家公司左右，以便能够真正指导初创公司，并一对一地给出定制化的建议。

2. 小班制教学

AngelPad 对只遴选出少数真正优秀的初创公司和提供"一对一建议"的坚持，使得它们始终采用小班制教学。在 AngelPad，每个班级大约只有12 家公司，人数控制在25~50。他们会在 AngelPad 提供的办公空间一起协同工作。在为期 10 周的加速课程中，创业者们也将经常与托马斯和卡琳进行一对一会面、交流。课程的强度虽高，但小班制的教学使得学员间互相熟悉，整个 AngelPad 的氛围协作大于竞争。创业者们经常会共进晚餐，吃比萨、喝啤酒，并非正式地讨论关于筹款、投资者等话题。

3. 演示日的转型

正如前文所说，演示日曾经是 AngelPad 加速课程的高潮。在这一天，每个初创公司都将会面对 200 名左右的投资者，进行时长 5 分钟左右的展示。当投资者了解完所有 AngelPad 的初创公司后，创业者们立即与投资者进行自由交流，这也标志着"融资季"的开始。

但 AngelPad 认为，这不是介绍创业者和他们公司的最佳方式。因此，如保罗·布里柯和奥德·诺伊在洛杉矶创办的 Amplify. LA 一样，AngelPad也放弃了"演示日"的形式，将其向更具针对性和高匹配的"一对一会议"转型。这种新的形式允许潜在的投资者和初创公司花更多的时间在一起交流，讨论业务细节并判断其可行性。创业者们也可以提出更直接的问题，更高效地与那些真的对他们业务感兴趣的人联系，而不再是通过面对数百名投资者进行幻灯片展示，以试图吸引每一个人。

四、充分完备的资源

1. 资金到位

AngelPad 深知初创公司的艰辛。在他们看来，许多初创公司在创业第一年里所拥有的重要资源可能只有创业团队本身和他们的信念。而毋庸置疑，创业必定是需要资金的。因此，AngelPad 往往是初创公司的第一个投资者。对于被 AngelPad 选中的初创公司，它们只要加入 AngelPad 加速器计划即可获得总共 12 万美元的资金支持，包括 2 万美元的种子资金以及以公司 6% 的股权作为交换的 10 万美元。除此之外，AngelPad 还将为创业团队提供 Google、AWS 和数字海洋上价值超过 30 万美元的云积分和访问权限。

2. 导师相随

除了种子资金的物质支持，导师计划也是 AngelPad 的核心资源。正如前面所说，AngelPad 的创业导师团队以托马斯和卡琳夫妇为主，其他的多为前谷歌员工，他们在投资市场方面都具有丰富的经验。他们了解创业者们需要什么来发展他们的公司。在小而精的 AngelPad 中，初创公司绝不会经常得到"一刀切"的建议，更多的是来自导师团队"一对一"的具有针对性的交流建议。

AngelPad 的导师指导也是全方位、个性化的。在 10 周的密集创业课程中，导师团队为初创公司进行的指导涉及商业模式与市场分析、产品设计与优化、客户的发展与拓展等多方面内容。加上小班制的教学也让导师们能够充分了解每一个初创公司的进展和业务详情。因此，在 AngelPad "小班制+一对一"的模式下，导师团队能够为初创公司提供更具个性化、差异化的创业指导。正如 AngelPad 主页所说，他们的导师团将和创业者们一起卷起袖子，找出一切问题。

3. 校友资源

AngelPad 只会接受少部分优秀创业团队进行加速计划。也就是说，加入计划的创业团队们不仅能够得到专业导师团的专属建议，而且还能与同样优秀的其他创业者们一起交流学习、分享心得、协同工作。众所周知，创业者通常是孤军奋战的，他们所经历的痛苦和困难，往往很少有人明白。而在小班制的教学下，相比于其他大规模的孵化器，AngelPad 加速器计划的同期学员彼此之间会更加熟悉，协作的氛围也更加浓厚。

除此之外，正是因为在 AngelPad 所产生的"战友情"，往期的加速器计划的学员们也形成了紧密强大的校友网络。这样的网络将为正在加速中的创业团队们在投资者介绍、建立合作伙伴关系等多方面带来便利。AngelPad 的校友们往往也是非常热情友好的，曾有学员表示，校友们的"乐于助人"已经到了令人惊讶和感动的程度。因此，在 AngelPad，不论是同期还是往期的校友，都将成为初创公司的一笔独特的财富。

4. 面向投资者

融资是初创公司成功的关键要素。因此，投资者网络的构建和融资业务也是 AngelPad 关注的重点。一方面，丰富的经验使得 AngelPad 能够充分了解和把握投资者们的兴奋点；另一方面，始终在业界保持高质量孵化成果的 AngelPad 本身就会吸引很多投资者的关注。因此，AngelPad 在投资者方面也拥有充足的资源储备。此外，据 AngelPad 学员介绍，他们在 10 周的加速课程中，就会前往旧金山与几个"AngelPad 的朋友"会面。这些朋友都是各大企业的资本合作伙伴，如来自谷歌风险投资公司的克赖斯特·哈钦斯（Christ Hutchins）等。他们将在会面中摘下"投资者"的头衔而戴上"AngelPad 的朋友"的帽子，为创业者们提供坦率的建议。这将为初创公司进行真正的融资活动提供练习和帮助。

第十二节　Startupbootcamp：多元与国际并举

■ABOUT

　　Startupbootcamp 是欧洲排名第一的全球领先创业加速器，专注于垂直领域的投资，凭借广阔的行业资源和丰富的运营经验，为全球优秀的初创公司提供支持。Startupbootcamp 在全球拥有 20 多个行业重点加速器计划，为初创公司提供绝对的支持，他们可以访问由行业相关导师、合作伙伴以及投资者组成的全球网络，获取全方位的资源，进一步扩展规模，得到突破性的发展。本章的相关资料引用自 Startup-bootcamp 官网：https://www.startupbootcamp.org/。

一、多元化的加速器计划

　　Startupbootcamp 成立于 2010 年，总部位于英国伦敦，其核心使命是为成长时期各个阶段的全球最佳企业家提供支持。2017 年，Startupbootcamp 联手国家级科技企业孵化器天府新谷（成都），合资成立 Startupbootcamp 中国。通过融合世界先进模式和利用本土优势资源，将 Startupbootcamp 中国打造成为国际化的创新创业平台。Startupbootcamp 根源于欧洲，随着其他企业家加入 Startupbootcamp，范围扩展至欧洲、亚洲和美洲，拥有比任何其他组织更多的针对不同行业的加速器计划。目前，Startupbootcamp 在全球 17 个核心国家和地区开展了 21 个垂直领域的创业加速器项目，覆盖金融科技、能源科技、智慧城市、体育与赛事科技、保险科技、物联网、食物科技、数字科技 CT、交通和时尚科技等行业领域。

　　各加速器项目时间一般为三个月，旨在支持企业家扩展引起行业变化的技术业务。初创公司可以参加 Startupbootcamp 组织开设的大师班，由行业专家主持，内容涵盖了初创公司扩展业务的所有基础知识：从业务模式画布到业务开发、筹款。加入加速器项目，创始人可以与所在行业的领先企业进行深入合作，确保获得客户、试点项目，建立合作伙伴关系。无与伦比的全球网络提供了丰富的资源，初创公司可以与全球 40 多个国家的特定行业的导师、企业合作伙伴、行业专家以及校友建立联系，由他们提供直接的支持和有价值的建议。除了专业上的帮助，Startupbootcamp 还为初创公司的整个团队免费提供三个月的联合办公空间，向每家初创公司提供 15 000 欧元的生活费用补贴，以便团队可以 100% 投入到创业计划中。在这个过程中，一些领先的技术提供商，如 Amazon、HubSpot、SendGrid 会选择与初创公司合作，达成几十万欧元的交易。另外，Startupbootcamp 提供独家的参展机会，初创公司可以以参展商和发言人的身份参加行业领先的会议和活动。为了保证后期的发展阶段资金畅通，初创公司会提前考虑投资者的问题，而创始人通过该项目可以结识来自世界各地最活跃的天使投资人和风险投资人。三个月的加速器项目结束之后，初创公司可以通过年度校友活动、已达成的交易和定制化的介绍获得后续支持。

1. 金融科技加速器计划

金融科技加速器计划重点关注金融和科技方面的初创公司，核心项目包括付款方式、移动和网络安全、资料建模、DLT① 和人工智能、预防诈骗、身份信息、反洗钱等，旨在为人们的财产和生活提供优化保障。Star-tupbootcamp 在墨尔本、墨西哥、开罗以及迪拜都开设了金融科技加速器计划，引领科技潮流。2018 年 12 月，全球加速器计划 Startupbootcamp 宣布将其全球金融科技业务扩展到墨尔本，并将在维多利亚州启动金融科技加速器计划，该计划将得到银行和保险业全球领导者的支持。墨尔本金融科技加速器计划的重点是金融健康与福利，选定的初创公司将与行业合作伙伴一起研究开放银行、消费者数据权、保险、退休金和财富管理之间的问

---

① DLT，Oigital Linear Tape，数字线性磁带，主要用于数据的实时采集。

题。该计划的一个关键方面是创新性地看待和利用开放资金来源，与全球各地的初创企业和大企业扩大合作，将新的企业家才能、技术和思想带入墨尔本。墨西哥的 Startupbootcamp Fintech 是 Startupbootcamp 与 Finnovista（拉丁美洲金融技术创新的领先者）的合资企业，由费尔明·布埃诺（Fermín Bueno）和安德烈斯·丰陶（Andrés Fontao）出任执行事务合伙人，克里斯汀·张（Christine Chang）出任临时项目主管，克里斯汀·张在公司管理和增长战略方面具有深厚的背景。墨西哥金融加速器计划是国际金融科技加速器计划系列的一部分，延伸到伦敦、纽约、新加坡和孟买。除金融科技类企业之外，墨西哥金融科技加速器计划还向具有创新性的初创企业开放，这些创新包括人工智能、大数据、RegTech①、安全性、区块链和物联网。Startupbootcamp 将开罗金融科技加速器计划引入中东和北非地区，这是金融科技加速器系列中的第一个 FinTech 计划。该加速器计划为埃及的创新金融科技初创公司提供支持，重点是"普惠金融"。该加速器将重点放在埃及，有助于发展埃及创新生态系统，并推动下一代技术初创公司取得成功。Startupbootcamp 还与迪拜国际金融中心（DIFC）、Visa 和 Mashreq 银行合作，加速迪拜的 40 家初创公司的发展，以支持迪拜成为金融服务创新和技术创新的全球领导者。

2. 能源科技加速器计划

能源科技加速器计划是全球领先的加速器项目，可以帮助初创企业解决能源效率、独立性运作、数字化以及分析方面的问题。在过去，能源行业从未进行过彻底的创新；在未来，能源行业会发生颠覆性的变化。Startupbootcamp 帮助全球 140 个公司思考和采取行动，其在墨尔本的合作伙伴强烈希望与本地的初创公司合作开发全球解决方案，在为期 3 个月的计划以及以后的计划中，与初创公司和合作伙伴紧密合作。精选的 Smart Energy 初创公司获得了 100 多位行业专家的指导、免费的办公空间、种子资金，并获得了全球投资者网络，其最终目标是扩展业务并成为行业领先

---

① RegTech，监管科技，利用最新的技术手段服务于监管和合规。

的公司。

作为亚太地区的重要经济体,澳大利亚与世界各地发展最快的国家有着牢固的关系,并且澳大利亚的地理位置也十分便利。墨尔本拥有一个充满活力且迅速发展的初创企业生态系统,该生态系统受到一些世界顶级大学和研究实验室的支持,使其在该地区具有许多优势。墨尔本作为知识中心在全球排名第四,并迅速成为澳大利亚的科技之都。Zendesk、Slack、Square、Hired、Stripe 和 GoPro 等美国大型科技公司都选择了墨尔本作为其亚太地区总部。墨尔本能源科技加速器计划由特雷弗·汤森(Trevor Townsend)领导,他在墨尔本作为投资者、董事和创始人具有深厚的背景。他曾是 TIBCO Software(2004 年在纳斯达克上市)的大洋洲董事总经理,有超过 15 年的天使投资经验,并拥有众多公司股权,其中包括两家 ASX 上市公司。澳大利亚 Startupbootcamp 办事处位于 YBF Ventures。自 2011 年以来,YBF Uentures 就一直是澳大利亚技术创新的中心。墨尔本中央商务区的 3 100 平方米建筑是特别设计,初创企业和大型企业可以在这里筹集资金,蓬勃发展。墨尔本能源科技加速器关注的领域有:整合可再生能源、客户授权、智能建筑与基础设施、资产和设施管理、电动与机器人、物联网与连接、人工智能与机器学习、大数据等。初创企业有机会与 Startupbootcamp 的合作伙伴 EnergyAustralia、Spotless Group、DiUS、KHQ Lawyers、Amazon Web Services、Cisco 以及当地政府一起通过 LaunchVic 开发和优化技术、产品和服务。

3. 体育科技加速器计划

体育科技是一个快速发展的领域,非常复杂,该领域的商业活动包括票务、赞助、商品销售及媒体版权等。卡塔尔体育科技加速器计划由卡塔尔开发银行发起,Startupbootcamp 提供发展动力,最高交付和遗产委员会、卡塔尔星空联盟、beIN 媒体集团、卡塔尔金融中心、阿斯派尔区基金会、MBK 控股公司和卡塔尔工商部提供支持。凭借在创业投资和加速器方面的经验,Startupbootcamp 决定在多哈将体育产业推向新高度,将多哈打造成领先的体育中心之一，并通过加速器计划促进初创公司之间的合作，进一步促进卡塔尔的多元化发展。卡塔尔计划为初创企业提供了必要的资源，通过密集的指导和与合作伙伴建立战略关系来加速其成长。初创公司有权访问卡塔尔 Sportstech 原型和测试实验室，有机会参加专门的讲习班，从而调整其战略目标和商业模式。初创公司可以直接与加速器的全球合作伙伴合作，如创新工程师、产品设计师、价值链专家和专业技术人员，一对一的辅导会议能够获取当地专家的第一手建议和反馈，针对性地解决初创公司的问题。另外，在演示日等活动和会议上可以与潜在投资者广泛交流。Startupbootcamp 每九个月会在卡塔尔运行一次加速器计划，该计划要求创始团队在这三个月的时间里移居到卡塔尔。初创公司申请之后，Startupbootcamp 的团队将会与入围的初创公司保持联系，并安排视频会议。然后邀请排名前 20 的初创公司参加在卡塔尔举行的选择日活动，并最终选择 10 家初创公司进行加速。

二、值得一提的 Scale

Startupbootcamp Scale 创建于 2017 年，是针对公司加速后、从种子期至 B 阶段的一项创新计划。Startupbootcamp Scale 是对传统 Startupbootcamp 计划的补充，旨在为成长阶段的初创公司提供学习经过验证的业务模型、国际化发展，以及增加收入和融资的机会。

1. 源自大阪的理想舞台

Startupbootcamp Scale 在日本大阪实施规模化效益的加速计划，为高速增长的成熟初创公司提供发展机会。大阪市位于日本的中心地带，交通十分便利，是日本政治、经济和文化的中心地区，并以其丰盛的美食、热情的人民以及体育、娱乐而闻名。大阪还是世界领先的大都市之一，其地区生产总值与荷兰相当。拥有如此悠久的历史和强劲的经济水平，大阪是世界各地公司接触并参与日本繁荣市场的理想舞台，所以 Startupbootcamp 选择将大阪作为试点城市。

初创公司不需要以部分股权作为交换即可加入该加速计划。该项计划加速初创公司进入日本市场，重点关注初创公司的业务发展，并与一些日本最大的企业进行试点合作。该计划的周期为三个月，一次可以加速十家初创公司，为他们提供量身定制的支持服务。加速计划的核心内容包括智能建筑、物业管理技术、人力资源和员工管理、运输和出行、旅游科技、零售技术、智慧城市规划、健康与健身、健康科技、可持续发展、媒体与广告、食品科技、体育科技以及教育。加速期间，初创公司不需要将整个团队迁移到大阪，活动将在线上举办。该计划以峰会的形式作为结束，导师、投资者以及合作伙伴将出席该峰会。加速器项目结束之后，初创公司可以访问 Startupbootcamp 的全球校友网络。Startupbootcamp 与许多大型企业建立了广泛的合作关系，包括阪急电铁株式会社、日本电通集团、西日本旅客铁道株式会社、三井住友银行株式会社等。阪急电铁株式会社是日本的铁路运营商，也是阪急阪神控股集团的核心公司之一。

除此之外，大阪拥有丰富的与项目相关的服务支持。阪急阪神控股集团在城市交通、房地产、娱乐、信息和通信技术、旅游、国际交通和酒店的七个核心领域开展业务。他们通过提供"安全与舒适"和"梦想与兴奋"来努力推动创新，改善人们的生活方式。Amplified 使用 AI 为开发思想和专利提供了一种快速且易于使用的工具，在初创公司描述想法或撰写专利时，Amplified 独特的深度学习模型可实时从全球超过 1.2 亿项专利中找到类似的专利，提供了极大的支持。国际商务促进中心（IBPC）是由大阪市政府成立的组织，旨在加强大阪与亚洲及世界其他城市的贸易、工业和交流活动，帮助公司在大阪开展业务，并支持总部在大阪的公司向海外扩展，目标是在大阪与世界之间架起桥梁。

2. 走在能源前列的墨尔本

在新型能源、自动驾驶汽车以及 5G 技术的推动下，能源技术创新变得极为紧迫。Startupbootcamp 选择澳大利亚作为能源技术中心，是因为澳大利亚具有大规模的可再生能源，且发展迅速。2019 年，在 34 个项目中，

第一章　自发型孵化器

·113·

澳大利亚电网新增了超过 2.2 吉瓦（1 吉瓦=1 百万千瓦）的大规模可再生能源发电容量，安装了 22 000 多个小型电池，家庭储能容量超过 1 亿瓦时，电动车销量增长了三倍，房屋的太阳能安装量取得新突破，智能电表、电网设备的能源数据呈指数增长。澳大利亚人是可再生能源技术的早期使用者，预计到 2022 年，家庭将拥有 30 多种联网设备，其中能源和照明智能设备以及智能电器将带动这一趋势向上发展。EnergyTech Hub 总部位于墨尔本，旨在加快扩大规模，促进合作伙伴和投资者在能源行业面临的挑战性和紧迫性的问题上达成商业合作。为了应对这些挑战并把握这些机会，Startupbootcamp 召集了许多出色的合作伙伴加入 EnergyTech Hub，如 Clean Energy Finance Corporation（CEFC）、Centre for New Energy Technologics（C4NET）等。CEFC 创新基金总监贝夫·托马斯（Bev Thomas）博士说："我们特别高兴地支持公司开发可以提供更清洁、更绿色能源的技术。"尽管澳大利亚是可再生能源发电的世界领先者，但仍有巨大的未开发潜力，能源技术可以专注三个主题：一是替代燃料的来源，Startupbootcamp 将继续扩大规模，以探索不同类型的可再生能源，并克服技术和经济方面的障碍。二是存储和移动性，例如运输和储存氢。三是以数据为主导的最佳实践。EnergyTech Hub 是一个为期 5 个月的虚拟程序，包括落地阶段、测试阶段和启动阶段三个过程。第一个落地阶段是为初创公司特地设计的，帮助创始人快速探索澳大利亚新的市场机会，了解澳大利亚能源市场、法规、结构和主要参与者。第二阶段是测试，可以直接与能源科技行业的合作伙伴接触，检测初创公司解决方案的可行性并收集主要经验。最后一个阶段是启动，在澳大利亚和其他更广泛的地区扩展和发展初创公司业务，寻找投资者。

三、携手迎接挑战

与其他公司建立合作伙伴关系是创新计划的基本组成部分。Startupbootcamp 与合作伙伴 Innoleaps 和 Rainmaking 一起，量身定制了应对各种企业创新挑战的方法。

1. Innoleaps

Innoleaps 是一个雄心勃勃的国际团队，由企业家、设计师、成长型技术人员和业务建设者组成，热衷于与世界领先的公司合作，并将非凡的新产品高速推向市场。专注于面向消费者的行业，帮助客户创造新的商机，以适应未来的客户需求。利用生态系统内的市场洞察力和专业知识，Innoleaps 设计了一个增长引擎，并开发了新的主张、业务模型和创新，帮助跨国公司将他们的想法变为现实。自 2013 年以来，共同发起并扩展了 200 多家企业。Innoleaps 是业务建设者，乐于帮助从头开始重新发明和建立新的颠覆性业务构想。以独特的创业方式运作，将个人经验与成熟的方法相结合，以加速创新，提升创新者的能力。凭借商业模式创新，数字技术和扩展方法方面的强大专业知识，Innoleaps 支持 Startupbootcamp 的合作伙伴迎接未来挑战。Innoleaps 测试并制定了新的业务主张，缩短上市时间。自 2010 年以来，Innoleaps 已推动加速了 1 000 多家初创公司和 250 多家公司合资企业。为了以最有效的方式为 Startupbootcamp 的客户提供服务，Innoleaps 在每个洲都设有办事处。

2. Rainmaking

Rainmaking 成立于 2007 年，旨在利用经验建立有影响力的业务。在全球四大洲设有 10 个办事处。Rainmaking 是一个由 200 多个企业家、策略师、产品专家、开发人员、设计师和投资者组成的团队，重视人与思想的多样性。Rainmaking 与各种规模的公司合作，既有早期的初创公司，也有财富 500 强公司，为其解决巨大的商业挑战并在创新过程中产生切实有益的影响。他们在全球范围内建立、投资并加速了 850 家企业，将全球视野与深厚的行业知识相结合，帮助领先品牌释放企业家精神，推动企业增长、节省成本。十多年来，Rainmaking 与 200 多家公司和政府官员合作，成功交付了 100 多个创新计划。其业务从特定行业的加速器到为单个公司的需求量身定制的创新计划，帮助合作伙伴明确定义业务挑战。

第十三节　Founders Space：创新与创业并行

■ABOUT

Founders Space 是全球领先的创业加速器，在 22 个国家拥有 50 多个合作伙伴，与世界各地的初创公司合作，创建了一个由孵化器、企业家和投资者构成的国际网络，拥有国际化的导师、顾问、风险投资人，致力于开展企业创新研讨会、创业项目和参访活动。Founders Space 积极推动企业创新，以通用性和专业性服务作为着力点，不断实践创新。为了构建良好运行的创业生态系统，Founders Space 与许多大型公司结成了战略合作伙伴关系，紧跟时代发展脚步，走在时代前沿。本章的相关资料引用自 Founders Space 官网：https://www.foundersspace.com/。

一、顶级项目

1. 复合型人才

史蒂夫·霍夫曼（Stece Hoffman）领导和创办了加速器 Founders Space，担任董事长兼首席执行官，其使命是培训企业家、加速企业发展。

霍夫曼是一个善于思考，喜欢用创新性思维看待问题的全球领军人物，拥有加利福尼亚大学的计算机工程学士学位和南加利福尼亚大学的电影与电视硕士学位。他是天使投资公司 August Capital 的有限合伙人、连续创业者和几本屡获殊荣的书的作者，其作品包括《让大象飞翔》《生存下来的创业》以及《改变一切的五种力量》。另外，他在电影方面也有涉猎，是制片人协会硅谷分会的创始人和主席，曾在新媒体理事会的董事会任职，并且是电视学院互动媒体小组的创始成员。在好莱坞期间，霍夫曼曾在 Fries Entertainment 担任电视开发主管，该公司以制作超过一百部电视节目而闻名，并被米高梅公司收购。而且他还与风险投资初创公司 Spiderdance 一起开创了互动电视的先驱，该公司与 NBC、MTV、Turner、华纳兄弟、历史频道、Game Show Network 等合作制作了互动电视节目。在硅谷期间，霍夫曼在游戏和娱乐领域还成立了两家风险投资支持的初创公司，并曾担任 Infospace 的移动工作室负责人，其作品包括《俄罗斯方块》《命运之轮》《古墓丽影》《小偷》《杀手》等热门手机游戏。

Founders Space 已成为全球顶级的创业加速器之一，霍夫曼已经培训了数百位创新技术方面的初创公司创始人和企业高管，并为高通、华为、博世、英特尔、迪斯尼、华纳兄弟、NBC、海湾石油、西门子和维亚康姆等世界上最大的企业提供咨询服务。霍夫曼热爱与他人分享自己的想法，是会议、公司活动、大学讲座、TED 演讲和创业计划的活跃发言人，演讲内容涵盖了创新、企业家精神、风险投资、管理以及技术（人工智能、物联网、5G、金融科技）等主题。

2. 全球化项目

Founders Space 致力于帮助全世界的初创企业发挥其全部潜力，通过丰富的课程设计和优秀的导师资源，推动初创公司更上一层楼。创始人可以了解如何筹集风险投资，使用 Founders Space 创建的导师和顾问网络，该孵化器和加速器项目可以把初创公司推荐给著名的天使投资者和风险投资者。有意愿加入该计划的初创公司先在 Founders Edge 进行注册，填写个人资料，之后系统会为其匹配可以参与的全球范围内运行的 Founders Space 计划。Founders Space 内部运行着十几种创业程序，时间从一天到几个月不等。早期的创业公司可以参与进来，也有相应的运行计划与后期的创业公司相匹配。Founders Space 不仅针对不同阶段的公司设置了不同的项目，对特定领域也有针对性的计划，如金融科技、农业科技、健康、广告、大数据、人工智能等。作为一个全球的创新中心，Founders Space 的办事处分布于欧洲、亚洲和美洲。

3. 个性化指导

Founders Space 开设了一系列在创业过程中涉及的课程，让创始人真正了解和掌握创业的核心。课程主题涵盖了投资、商业计划、产品市场、收益等。导师还会针对初创公司推出的产品，讲授什么是投资者寻求的市场，如何寻找该市场。课程还包括建立一个可融资的商业模式，编制公司预算，进行公司预测和公司治理，把业务推向市场以及业务的拓展，估值、折扣、条款表和债务、营销策略的制订以及客户的获取和维护。

4. 指导性会议

由各专家主导的研讨会主要是对近期的热点和重要问题进行讨论，在讨论过程中引发思考和关注。一般而言，风险投资者和天使投资者讨论创业资金的问题。律师讨论专利、知识产权和创业法律问题。设计师们针对智能用户界面、用户体验和产品设计方面进行交流。营销专家讨论品牌和定位。资深企业家分享自身经营创业公司的经验。财务顾问关注运营计划、预测和损益。人力资源专家关注员工留存、员工幸福感以及员工福利问题。咨询人员对管理和领导力进行完善和改进。公关专家主要分析产品的知名度、新闻报道和重大事件等，并提供参与活动、讲座和研讨会的机会。

二、企业创新

Founders Space 利用硅谷开创的关于企业创新创业的最新方法和流程，组织来自世界各地的 CEO、企业高管和企业家，学习使用这一套流程方法进行创新。

1. 通用性咨询业务

首先 Founders Space 与初创公司密切接触，针对初创公司的特定需要提供咨询服务，帮助企业建立创业和创新的生态系统，将企业各类可获得资源和生态系统进行整合，使其更好地发挥出协同效应，促进创业朝着更好的方向发展。其次，创新创业实践离不开新兴技术的支持和推动，

Founders Space 利用自身的资源和网络为初创公司提供最新的设备，带领企业从操作上进行创新。除此之外，合作和投资也是促进创新的重要力量，同行业之间的相互交流更能促进思想的碰撞和交流，资金的支持推动想法的实现，Founders Space 积极地向投资者以及合作伙伴介绍加入 Founders Space 计划的初创公司，充分利用好全球网络资源。帮助推动自下而上的创新流程，以下层的创新带动全局。为了成功筹集到公司经营所需要的资金，创始人需要获得风险投资者的帮助。Founders Space 为初创公司提供风险资金投资计划，将各项细则清楚地陈列出来，增加募资成功的机会。最后，战略是一个公司实现长远发展的基础，必须结合当下以及未来的环境对企业所处的环境做一个完整的预测和分析，在这个过程中可以发现公司发展的机会和将会面临的风险。

2. 针对性专业辅导

在企业发展和经营的过程中，创新性的战略框架、自下而上创新流程的提出等咨询服务适用于所有行业，不具备专业排他性。企业创新的另一个核心内容是与专业知识紧密相关的领域，例如特定行业的创新方法和流程，它需要考虑行业的具体操作和实践进行设计。融洽的团队气氛和创新文化贯穿于企业业务实践的全过程，Founders Space 通过加速器项目来培养企业的创新文化。另外，创新还体现在创业参与度、生态系统的构建、风险资本投资、新兴市场、未来趋势、崭露头角的技术、战略创新和管理、物联网、智能家居、智能城市、人工智能、机器人、区块链、虚拟现实和增强现实等方面。许多大型公司都在 Founders Space 的帮助下推动创新的发生。Founders Space 与华为在多个项目上进行了合作，其中之一是帮助华为预测未来 10 年内将有哪些新兴技术，而这些技术会重新定义我们的生活。Founders Space 撰写了一份长达 100 页的详细报告，内容涉及大脑计算机接口、人工智能、大数据、区块链、虚拟现实和增强现实等。报告指出了上述新技术将如何从根本上改变业务和消费者行为，Founders Space 还前瞻性地提出了几种新的消费产品。华为通过 Founders Space 与一些初创企业和研究人员建立了联系，并规划了未来的发展。

三、丰富的资源

1. 人力资源

Founders Space 拥有实践经验丰富、专业知识精湛的企业家担任综合课程的教授，拥有由顶级顾问、高级产品经理、律师、天使投资人和营销专家共同构建的创业网络。拥有 300 多名导师、顾问和演讲者。其中，顾问和演讲者主要是来自硅谷的企业家、领域专家、风险投资家等有影响力的人；导师包括顶级律师、市场专家、公关专业人员、开发人员、首席财务官、资深企业家、天使投资人、风险投资人和设计师。大卫·哈滕巴赫（David Hattenbach）是 Founders Space Mentor 的创始人，也是经验丰富的营销和业务开发负责人。David 曾担任营销会议的演讲嘉宾，*Venturebeat* 和 *ADWEEK* 杂志的特约作者，以及著名的迈阿密广告学校的讲师。David 拥有 25 年从业经验，领导大型、小型公司的广告屡获殊荣，他具有将消费者洞察力转化为高效营销解决方案的才能。在成为企业家之前，大卫曾是 Foote Cone&Belding Advertising 的全球战略规划执行副总裁，领导全球营销和业务发展。

2. 在线课堂

Founders Space 为初创公司提供两个强大的在线程序：一个是在线创业课程，另一个是在线创新课程。为有需要的初创公司单独提供加速计划，针对性地开展业务。

（1）在线创业项目

Founders Space 的在线创业项目借鉴了过去 10 年来加速数百家初创公司发展的经验，帮助创始人了解硅谷的顶级企业家如何筹集资金、建立业务并扩展成功之道。该线上课程以视频研讨会的形式呈现给企业家，企业家需要付费才能进行观看。Founders Space 对视频进行了精心挑选和展示，若企业家不喜欢该套视频可以选择全额退款；而如果企业家无法负担该项计划，可以单独联系 Founders Space，获取视频资源。在线创业项目包括以下深入的视频研讨会：募集风险投资的十诫、为什么创业会失败、风险投资的秘密、引领你的创业、创业生存指南、创业思想、演讲艺术、狩猎独角兽等。为了配套该项目，初创公司还需要学习例如初始组织决议、可转换债券融资、普通股证书、保密协议、期权协议、受限制的股票购买等课程。

（2）在线创新项目

Founders Space 的在线创新项目专注于彻底创新和业务转型的过程。初创公司可以了解世界上最好的创新者如何识别正确的机会、管理团队以及如何提出价值数十亿美元的产品。在线创新项目的核心点在于创新，也是以视频研讨会的方式进行呈现，包括这些主题：创新领导力、未来技术系列、人工智能、机器人与未来、农业的未来、培育创新文化、硅谷与好莱坞的未来、人工智能生态系统平台的未来、创新者的心态等。

3. 资金与场所

Founders Space 为全球的初创企业针对性地提供三种融资选择，充分发挥出资金的作用。Founders Edge 适用于希望从遍布全球的数百名投资者网络中寻求资金的创业公司。Founders Space Ventures 适用于希望在硅谷建立业务并筹集风险投资的初创公司。Founders Space Dragons 适用于希望在亚洲开展业务并筹集资金的初创公司。

Founders Space 及其合作伙伴在全球各地经营着充满活力的全球创业社区，以吸引世界一流的初创公司、投资者和企业合作伙伴。为了方便创始人、企业家联合办公，Founders Space 在旧金山和其他地区提供开放式的协作区域，初创公司可以提前联系，预约使用联合办公空间。共享的办公场所也包括私人办公室、会议室，是企业家们进行休闲对话的地方。另外，这里还配备了厨房、冰箱、无线网络、打印机等生活与工作所需的一切相关设施。Founders Space 已经成功建立了紧密联系的社区和良好的工作环境氛围，初创公司不仅获取了开展业务的场所，也建立了自身的社交网络，方便后续深入沟通。

四、战略合作伙伴

随着新兴技术与初创公司之间联系的中断，越来越多的全球跨国公司在新的业务创新方面面临巨大的挑战。为此，许多公司开始关注创业知识、新技术以及开放式创新，使自身始终走在创新的前沿，从而顺利进入创业生态系统，尤其是行业领先者积极寻求将数字化转型为高科技、软件集成和数据驱动的服务公司。因此，许多公司开始寻求战略合作伙伴，Founders Space 也不例外。

1. Aingel

Aingel 成立于 2015 年，是一个人工智能平台，适用于初创公司与投资者之间的对接。初创公司通过使用 Aingel，可以加快筹款并找到合适的投资者。Aingel 使用人工智能技术为全新的创业公司寻找最匹配的投资者。该平台作为筹款过程的催化剂，数据科学家正在使用他们在纽约大学开发的、正在申请专利的算法，对初创公司和风险投资公司进行分析和评分。他们扫描整个风险资本社区及其投资组合公司，以生成最有可能增加价值并对创业公司的空间和阶段感兴趣的投资者名单。相关数据显示，风投每年投资的初创公司较少，这对创始人的筹资更加残酷。在筹款过程中Aingel 为创始人提供了急需的数据和结构，有助于加快对潜在投资者的初步研究，因此创始人可以充分利用自己的时间，更快地完成资金筹集，将更多的精力放在产品或者销售上面。

2. Execustaff HR

Execustaff HR 成立于 1993 年，是一家专业雇主组织（PEO）。他们提供最先进的人力资源外包服务和其他服务，致力于打造一支敬业的专业团队，专门从事创业内容，如工资管理、人力资源管理、人力资源信息系统技术、24 小时安全在线访问等。他们与初创公司建立共享的雇主关系，使他们能够承担成为雇主的许多责任。Execustaff HR 提供的服务和专业知识可以使初创企业做自己最擅长的事。成千上万的初创企业（有些已经上市）已经与 Execustaff HR 合作，以获取人力资源、福利、薪资、工人薪酬以及合规性方面的服务。它们降低了人力资源成本，最大程度降低了与雇主相关的风险，并减轻了人力资源的管理负担。初创公司可以达到扩展运营并降低成本的目的，同时增加收益以吸引和保留关键人才。

3. BayAngels

BayAngels 由长期投资人罗杰·金（Roger King）创立，现在正进入增长和扩张的加速阶段，乔丹·瓦贝（Jordan Wahbeh）担任执行合伙人，卡里姆·努拉尼（Karim Nurani）担任执行董事。从一开始，BayAngels 就专注于帮助旧金山湾区的投资者，它的许多成员都属于其他天使投资人团体，BayAngels 经常与他们合作以支持企业家。与其他天使投资人组织一样，BayAngels 主要由前企业家组成，对于已经取得显著进步的新成立公司，BayAngels 提供必要的资金来帮助他们进入下一阶段的增长，他们的投资者已经为数十家早期公司注入了加速成功所必需的资金。自从企业家精神的新黄金时代到来以来，BayAngels 一直是创新变革的主导力量。从1998 年开始，BayAngels 已经支持了很多企业，包括 Open Table、Photo-Bucket、Zoom Systems、Z-Force、Insite Dental 等。在全球范围内，许多公司开始模仿他们的天使投资风格。

第二章

支持型孵化器

第一节 Start-Up Chile：政府引领，创新引才

■ABOUT

Start-Up Chile（简称SUP）创立于2010年，是在政府倡议下创办的公共孵化器。自成立以来，SUP已转型为拉丁美洲领先的加速器之一，也成为世界上最重要的加速器之一。其国家级的社会资源和网络、开放友好的政治经济环境吸引着全球各地的创业者纷纷前往，开启创业之旅。它被全球公认为"一次成功的公共部门实验"。《经济学人》杂志也曾发表文章评论SUP是"世界各地的天才创业者的圣地"。本章相关资料引用自Start-Up Chile官网：https://www.startupchile.org/。

一、独特的经营模式

1. 政府主导下的创新创业

在拉丁美洲，为了提高收入、减少贫困以及缓解社会不平等的矛盾，

不少国家的公共政策越来越关注创新创业领域。它们试图建立起自己的"硅谷",其中,在智利政府的全力拉动下,智利在创新创业实践中所做的尝试产生了巨大的良好效应。早在 1987 年,智利便开始建立自己在支持创业和企业发展方面的激励体系。从 1987 年到 2013 年,它们先后通过成立国际合作局、修正证券市场和收购投标相关的法律法规、构建天使投资人网络等手段为创业资本行业提供法律和相关政策支持。其中,SUP 就是智利政府创新创业计划中的重要一环。

2. SUP 的创立

SUP 由毕业于斯坦福大学的智利连续创业者尼古拉斯·谢伊(Nicolas Shea)构思成立。

2010 年 2 月,在新任总统塞巴斯汀·皮埃诺(Sebastian Pinera)就职的前几天,谢伊接到了新任命的经济部长的电话,受邀担任创新创业顾问并思考创新政策以促进经济发展。谢伊曾在美国加州生活过一段时间,他观察到许多具备高技能、刚毕业的外国人才在试图获得留美签证时往往会遇到困难。他意识到,如果将这些优秀的创新人才引进智利,那么便可以拉近智利与世界主要创新中心的距离,从而促进智利创业生态系统的构建,达到拉动经济的效果。同时,谢伊受《创业的国度:以色列经济奇迹的启示》[①] 一书的启发,构思了一个为智利引进全球创业人才的计划。由此,SUP 有了雏形。2010 年 3 月,谢伊向经济部长介绍了自己的方案。经济部长愿意支持这一方案,但担心难以找到愿意移居智利的优秀企业家。对于这一点,谢伊表示只要努力,就不会有什么损失。他认为计划应对引进人才设置高标准,这样才能确保引进人才的质量。若没有人才愿意留居智利,政府不会有支出,也能够控制损失。就这样,谢伊和经济部长达成一致意见。他们抓住美国硅谷最初一塌糊涂的移民体系的弱点,向未获得美国签证而无法入驻硅谷的创新人才和企业家抛出橄榄枝,在此契机之

---

① 塞诺,辛格. 创业的国度:以色列经济奇迹的启示 [M]. 王跃红,韩君宜,译. 北京:中信出版社,2010.

下，SUP 得以创立。

3. 阻力与使命

SUP 旨在激励来自世界各地的高潜力企业家，鼓励他们在智利开展商业活动。与美国等私立的孵化器或加速器不一样，智利的 SUP 是直接由智利经济发展局主导创始的，并且受到智利的经济发展局、旅游部、外交部以及内政部的资助。智利创立 SUP 后，形成了良好的经济社会效应。50 个国家或地区纷纷效仿，在政府的支持下建立起自己的孵化器体系。

但其实，在智利政府主导下设立的 SUP 并没有想象中顺利。在试点时期，SUP 遭到当地媒体、政界和商界激烈的批评和反对。之所以如此是因为智利的纳税人认为 SUP 计划是单纯地向外国企业家提供资源，而没有任何资本的受益。另外，SUP 计划首先要确保高质量人才的引进，故最初未向本地创业者开放。这使得本地人民认为 SUP 轻视本国人才。SUP 因此遭到本地人民的诟病。在这样的攻击下，经济部长方丹还是不畏阻碍地开放了 SUP 第一批的创业公司申请。实践是检验真理的唯一标准，SUP 不论是对智利的经济、社会还是国际地位都产生了正向影响，人们才逐渐从反对转向支持。

在政府的扶持下，SUP 的意图和使命其实是非常宏大的。首先，SUP 旨在通过为创业者们的商业计划提供激励，推动它们成为全球性的公司。其次，通过创新创业大环境的构建，激发本国公民的创业意识和创新观、在社会营造共创的氛围也是 SUP 的目标和使命，以期最终协助越来越多的公民成为世界级的企业家。因此，以 SUP 为主的创新创业计划，从本质来说顺应了国家文化变革的需要。它们对企业估值和销售业绩的重视程度比一般的孵化器低，意在改变民众对创业的看法。最后，SUP 还肩负着提高智利生产力的使命。在不断更新发展中，SUP 早已成为拉丁美洲的创新和创业中心。在 2016 年，SUP 将新目标确定为确保智利继续成为世界技术创新中心，并源源不断地为对国内经济产生积极影响的技术企业提供驱动力。

二、运作方式与成绩

1. 运作方式

SUP 由智利生产促进局组织运作。创业者或企业家申请该计划有一套专门的程序,而且程序会不断优化。例如,第一代的申请流程是,申请人首先将通过位于硅谷的在线项目遴选网络 YouNoodle 提供的数字平台提交申请。随后,YouNoodle 将为每份申请分配三名评委,并根据标准对所有项目进行打分排名:产品或服务、市场和竞争定位、团队组合、资质和经验以及团队网络。最终,项目由委员会审查并确定进入计划的 100 个项目。最新一代 SUP 的申请方式已转向专门的门户渠道,申请人须进入官网 https://www.startupchile.org/es/home-es/,根据具体的说明进行申请。每一代的申请要求和标准可能都会一定的变化,但 SUP 管理团队都会尽可能保证整个流程的公平性,择优录取。当初创企业被接受,他们将前往智利并留居 6 个月,以便于 SUP 向他们提供支持,开发或改善他们的产品或服务。

2. 三个加速项目

SUP 对初创公司的孵化主要有三个项目,分别是 S 工厂计划、种子计划和进阶计划,它们分别有着不同的侧重点。每年,SUP 将接受 200~250 家公司,根据它们启动阶段的不同和各自的特性分别归入不同的项目计划中。被选中的初创企业需要在圣地亚哥参加一个为期 24 周的项目,在此期间它们将获得 SUP 提供的办公空间、创业指导,以及社交和资本资源。值得注意的是,参与 SUP 的初创企业无须出让公司股权,但在加入之初必须自己出资 10%,才可以获得种子加速计划提供的种子资金。以下,是 SUP 打造的三个加速项目计划,重点介绍专注女性创业的 S 工厂计划。

（1）专注女性创业的 S 工厂计划

在 SUP,管理团队相信女性力量在商业中是至关重要的,因此对性别的无差别支持必须落实。如今,由于 S 计划对女性创业的促进,一个女性领袖社区得以形成并巩固。女性领袖社区对创始人本身、企业以及参与其企业成长的整个生态系统都具有较大的影响。在 SUP，女性创业者可以平等参与演讲等多类活动，管理团队还保证所有由妇女领导的项目董事会中至少有一名女性导师。不仅是在 S 工厂计划，在种子计划（build）中，SUP 也要求有一半以上的女性创始人获得支持。而在进阶计划（ignite）中，女性也会获得 10%以上的共同融资。

具体地，SUP 从网络社区、人才、学术、加速计划、生态圈和媒体资源六个方面构建专注于女性创业的 S 工厂计划。在网络社区方面，SUP 团队同女性领导者接触，邀请她们加入 SUP 的女性创业网络，推动建立女性创业者的交流圈。在人才方面，SUP 团队重视对女性人才的招募，并组织女性领导力主题的培训活动。在学术方面，SUP 的商业学院实现了两性均等，有效地修整了具有性别差距的学院课程。在加速计划方面，S 工厂计划的导师将由女性企业家领导的科创公司董事会成员担任。除此之外，SUP 还强调女性创业者之间的相互反馈。在生态圈方面，SUP 吸收了往届校友，以及来自企业和其他同行关系网的导师，并设计多样的活动来构建人脉，促进女性创业者和女性企业家相互了解。最后，在媒体资源方面，男性及女性创业者接受媒体采访的机会是均等的，SUP 也会在他们的创业网络中设立特别栏目用以展示女性创业者。

（2）种子计划（build）

种子计划是早期启动的加速前计划，主要针对已经推出产品、进入试运营阶段的公司。SUP 的种子计划致力于在全球寻找处于早期阶段的初创公司，即有一定想法和产品原型，且发展不到一年的公司。种子计划将为他们提供为期四个月的独特的学习体验。

（3）进阶计划（ignite）

进阶计划又称点火计划，旨在吸引全球企业家在智利做生意。关于这一计划所针对的创业群体，SUP 的期望是寻找到最好的初创公司，不限行业，不限国家。这些初创公司发展时间不到三年，其产品还有待验证。通过 SUP 筛选的初创企业将加入多样化的企业家社区，并专注于智利和拉丁美洲市场。

3. 当前成绩

截至 2020 年，SUP 创立已有 10 年。它们已对来自世界各地的 1 960 家企业提供支持，并为智利创造了 15 000 余个新职位，累计销售额达到 12 亿美元。SUP 成功地筹集了相当于智利生产促进商投资额 17.3 倍的公有和私人资本。换言之，国家通过创立和运行 SUP 所得到的回报要比国家投入的多得多。

三、非凡的资源与优势

1. 资源的吸引力

被 SUP 选中的初创企业将获得丰富的资源，得到良好的帮助。不仅在工作方面，智利生产促进局也考虑到了外国创业者生活便利性的问题，给予外来人才相应的政策支持。

加入计划的初创企业将有资格成为世界上最大的创业社区之一的成员，并获得高达 5 000 万智利比索①（种子计划）和高达 1 500 万智利比索（S 工厂计划）的经营补贴。创业者们也不用担心自己的身份合法性问题，从创业者抵达智利开始创业起，创业者们即可申请获得期限为 1 年的临时工作签证，保障其在智利的自由出行、交往，以及发展他们的项目。在硬件设施方面，SUP 将为创业者们提供一个带互联网接入的工作区。在社会资源方面，SUP 拥有 60 余位投资者和风险资本家、260 名活跃的导师、160 家国家和跨国公司、100 家全球合作伙伴和全球 4 500 多名校友。团队将带领入驻的初创企业访问智利最大的资本和社交网络，指导并促进各方进行交流合作。SUP 也会为创业者们提供相关的课程培训，为初创公司匹配导师进行创业协助。SUP 计划还拥有丰富的合作伙伴，亚马逊、

---

① 1 000 智利比索约为 1.256 美元。5 000 万智利比索约为 6.28 万美元，1 500 万智利比索约为 1.88 万美元。

hubspot、谷歌、Airtable、wework 等企业均与 SUP 有着合作关系，这将是初创公司加入 SUP 计划所能够获得的资源福利。无论是资金、政策和国家级的社会资源都使得智利的 SUP 对创业者们极具吸引力。

2. 开放包容的大环境

虽然 SUP 是由政府引领的，但并不代表它们只支持在智利"土生土长"的创业者及创业项目。相反，SUP 具有国际化的视野，甚至在 SUP 创立之初，三个加速计划都仅针对国外创业者开放。这足以体现政府对引进优秀的创新创业者的重视程度。

除此之外，智利在国家和社会环境方面也拥有优势。首先，在人才方面，智利本地拥有很多高素质、具有全球竞争力的劳动力，初创公司不必担忧人才短缺问题。在产品的测试方面，由于智利的法规和特殊的地理位置，初创企业在产品测试方面面临的困难将相较其他私人创办的孵化器少。在国家内外经济政策方面，智利是一个税收非常友好的国家，已与 30 多个国家签订了自由贸易协定和避免双重征税的协定。在办事程序与文化方面，与其他拉丁美洲的创业发展计划相比，智利生产促进局最大限度减少了官僚作风。谷歌拉丁美洲西班牙语国家开发者生态系统的团队负责人弗朗西斯科·索尔索纳（Francesco Solsona）也评论说："它有一个非常灵活的系统。在其他机构中，经常要求写文件和报告。这些要求会对初创企业的发展造成很多阻碍，但在智利，你看不到这些阻碍。"从环境的稳定上来考虑，智利在政治和经济上都非常稳定。而从生活成本上考虑，SUP 工作地点位于圣地亚哥，当地的生活成本远远低于美国硅谷等其他创业中心所在地。在圣地亚哥，每月的生活成本可以控制在 1 000 ~ 1 500 美元。此外，不论是 SUP 计划本身还是智利这个国家都非常尊重女性。据统计，在全球女企业家指数排名中，智利位列第六。

开放友好的大环境使得多个国家和地区的创业者们愿意来到智利开启自己的创业之旅。他们并不会失去与全球顶尖创业网络联系的机会，反而会在国家政府层面的扶持下获得更多的机遇。入驻的初创企业也不用担心智利文化的单一性，SUP 始终保有的国际视野也使得其自身具有国际化和多元化的特点，加入 SUP 计划的创业者们每天也会与世界各地的人一起工作。最初参与 SUP 的两位创业者回顾在智利的经历时说道："毫无疑问，我推荐 SUP。对于刚刚起步的创业公司来说，SUP 的帮助是有意义的。在旧金山和圣地亚哥写代码没有什么区别……我们决定去智利，因为在那里我们会有足够的资金生活和工作。"

四、世界范围的影响力

经过十余年的发展，SUP 已经成为拉丁美洲最具代表的创新创业中心，也位列全球加速器的前十名。它拥有全球最大、最多元化的创业社区，并创造了一个可信、透明和有效的程序，将该国的初创企业与全球生态系统连接在一起。而智利作为一个希望为创业和创新制定前瞻性政策方针的国家，也获得了国际认可。SUP 计划使智利成为一个对商业友好的地方，并激励了许多其他国家实施类似的计划。显然，SUP 的影响力已不再局限于智利国家范围内，而是对全球创新创业的发展具有正向影响。

1. 模式的共享

SUP 计划的经营管理方式为全球创新创业提供了一种新颖的模式，影响了世界各地 50 个创业项目的创建。马来西亚、巴西、牙买加、波多黎各、秘鲁和韩国等国家更是直接复制了智利 SUP 计划的模式。例如，马来西亚的"亚洲科技"计划模仿智利 SUP 计划，旨在建立和发展东盟初创企业社区，促进地区沟通交流并实现区域前景。位于牙买加的初创公司也表示，"……基于智利初创企业的成功，它（牙买加初创公司）旨在将商业理念在大约四个月的时间内转化为能够吸引投资的有效商业计划"。

2. 学术研究的推动

自 2010 年创立以来，SUP 的创建及其随后的成就引起了智利国内和国际学术界的兴趣。哈佛商学院、伦敦政治经济学院和麻省理工学院等大学都研究过 SUP 对经济发展战略的影响。在智利国内，天主教大学和智利大学等也发表了一些研究文章，重点研究企业家精神影响文化变革和传统商业加速器的价值。此外，国际新闻界也刊登了 7 500 多篇文章，智利国内媒体发表了 2 200 多篇文章。大量的学术研究和媒体持续的报道表明，SUP 不仅是一项具有突破性成就的公共孵化器的尝试，推动了学术研究的发展，也是广受全世界关注的新型创业模式，为全球创新创业领域添加了色彩。

第二节　IIDF：推动数字化创业的力量

----▪ ■ABOUT --

　　IIDF（The Internet Initiatives Development Fund，俄罗斯互联网倡议发展基金）是在俄罗斯总统普京的提议下，于2013年创立的，旨在帮助创业者或企业家建立全球快速增长业务的基金会或加速器。IIDF专注于数字化创业领域，在推进IT业务发展方面提供了多样加速计划与方案。整个基金会和加速器体系较为全面系统，具有一定标准化。目前，IIDF已成为俄罗斯最大的IT创业风险基金，以及欧洲最活跃的种子轮基金之一。本章相关资料引用自IIDF官网：https://www.iidf.ru/。

一、俄罗斯互联网倡议发展基金

1. 创立背景

　　The Internet Initiatives Development Fund，简称IIDF，于2013年创立于俄罗斯莫斯科。该发展基金是由俄罗斯总统普京提议并由俄罗斯战略倡议署创办的，致力于互联网IT行业的发展。虽是经政府提议而创立的，但政府并没有对IIDF给予资助与过多支持。时至今日，该基金成为俄罗斯最大的IT创业风险基金，以及欧洲最活跃的种子轮基金之一，旨在帮助创业者或企业家建立全球快速增长的业务。该基金管理着约合人民币6亿元的资金，投资规模达到3.24亿元。每年有超过2 000家企业申请融资，现已投资400多家企业，存活率超80%。除了投资业务外，IIDF也拥有较为全面、系统的加速器服务体系，是俄罗斯最佳的加速计划。

2. 基金会业务概况

　　IIDF基金会重点关注的是俄罗斯本土发展态势，它们建立的初心便是使任何希望在互联网上创业或发展业务的企业家都能理解和访问俄罗斯市场。在业务活动中，基金会与许多俄罗斯的国有企业建立了合作伙伴关系，包括俄罗斯石油公司、俄罗斯天然气工业股份公司等。作为合作伙伴的国有企业会为基金会提供资金等方面的支持。

FRI 初创企业计划是基金会的主要项目，它包括以帮助初创企业寻找业务增长倍数点的 IT 强力项目"油门"计划、协助企业准备申请投资的"预氧机"计划和致力于解决初创企业项目弱点的"销售启动车间"计划。

法律倡议是该基金会的一大亮点。每个创业团队都可以通过邮件形式向基金会表达当下法律体系给自己创业带来的不便，并提出合理的建议。而基金会收到建议后，会提出修订立法的合理倡议，使初创公司和投资者的工作生活更加便利。例如，截至目前初创公司就提出了关于风险市场工具在立法中的措辞、无限股权、可转换债务和法人之间订立公司合同等方面的建议，其中已有一些建议成功促成新的立法，并已生效运行。

除此之外，基金会在市场研究方面也有所建树。基金会研究风险投资市场，并以数字、趋势和评级来呈现风险投资市场的情况。通常，基金会将相关报告内容整理成 PDF 文档上传至官网供初创公司和有兴趣的人士查看和下载。例如，在 2016 年年初，IIDF 就对 2014—2015 年俄罗斯互联网和 IT 领域的直接和风险投资市场进行了研究，并上传了报告。

在投资组合方面，IIDF 已经投资了来自俄罗斯各地的数百家公司，例如，用于高效管理生产系统并协助管理决策的云平台 BFG-SOFT、专注于开发微软 HoloLens 的混合现实解决方案的 HOLOGROUP 等。截至目前，该基金会中已有 323 家企业在预种子轮阶段，38 家企业处在种子轮阶段，15家企业正处于 A 轮融资阶段。

3. 基金管理团队

IIDF 基金会背后是一支由具有成功创业经验和应对过最艰巨挑战的专业人士组成的团队。其中，作为 IIDF 联合创始人之一的基里尔·瓦拉莫夫（Kirill Varlamov）是该基金会的主任，他毕业于莫斯科斯科尔科沃管理学院，曾成功领导俄罗斯技术公司 Naumen① 超过十年，拥有扎实的知识储备和丰富的创业管理实操经验。其他的基金会成员也几乎都是来自融资、投资、创业等领域的专家、学者，例如，担任弗里计划总监的德米特里·卡拉耶夫（Dmitri Karaev）曾是成功的连续创业者，担任投资总监的马克西姆·施泰格瓦尔格（Maksim Steigerwald）则是 CAIA（特许另类投资分析师）和 CFA（特许金融分析师）双认证的投资分析师和企业融资专家。优秀的基金管理团队使 IIDF 从创立至今，始终稳步发展着。

二、系统的投资选择

1. 优先领域

在 IIDF，FRI 初创企业计划为各创业团队提供资金和专业知识等，为它们的成长和业务的国际扩张做准备。而在投资领域方面，IIDF 更多专注于与互联网、数字化有关的创新技术，它们优先考虑以下十个领域：

第一，电信行业，能优化信息传输成本、将硬件更换为软件工具提供 IT 解决方案，以及能促进电信运营商创新的初创公司将得到更多关注。第二，远程医疗，主要关注在远程健康检测和医疗信息系统方面的创新技术。第三，企业和平台软件，包括 ERP②、ECM③、CRM④ 和其他自动化系统。第四，教育技术，主要关注在线学习、在线日记、知识管理系统等创新模块。第五，大数据和机器学习，包括收集、存储、处理和分析大量数据或信息的创新技术。第六，信息安全，包括加密、杀毒或分布式拒绝服务攻击和欺诈防护等方面。第七，物联网，主要关注可穿戴电子设备、智

---

① Naumen，俄罗斯的一家软件公司，主要提供智能系统开发等业务。

② ERP，enterprise resource planning，即企业资源计划，指建立在信息技术基础上，以系统化的管理思想，为企业决策层及员工提供决策运行手段的管理平台。

③ ECM，enterprise content management，即企业内容管理，这里主要指一种软件，帮助企业获取、管理、存储、保护、利用与企业组织流程相关的数据。

④ CRM，customer relationship management，即客户关系管理，这里指通过计算机自动化分析销售、市场营销、客户服务以及应用支持等流程的软件系统。

能家居系统和 M2M① 等方面。第八，广告技术，主要是指实时出价和在线自动广告购买的技术。第九，媒体领域，主要是指在线分发网络和收集视频内容的服务。最后是利基产品方面，IIDF 投资团队关注对于市场、金融科技、娱乐服务和其他有前途的利基创新解决方案。

2. 投资要求

IIDF 对申请投资的初创企业在行业、产品、团队、经济条件、公司发展机遇等方面都有所要求。在行业方面，IIDF 关注提供软件产品或互联网平台的公司。它们明确表示不会投资转售商品和服务的公司，以及产品具有离线性质的公司。在产品方面，IIDF 要求初创公司有自己的产品并拥有客户群体。还要求该产品应比对手产品更具优势。产品应具有高达 10 亿美元营业额的增长潜力。在团队方面，IIDF 要求初创企业的团队中应包括一名首席执行官和一名负责销售的首席技术官。在经济条件方面，初创公司应将俄罗斯作为其销售市场之一，与此同时，初创团队还应有进入国际市场的计划和雄心壮志。在公司的发展机遇方面，初创企业应让 IIDF 团队看到其国际扩张和发展的可能，即公司具有可扩展性。此外，初创公司应对自身的商业模式、吸引客户的成本、业务盈利能力等有清晰明确的认识，并在固定的模式中仍有改进的机会和空间。

3. 细致的资源与服务

与 IIDF 达成合作的初创企业将得到 IIDF 提供的细致全面的资源。首先，ZZDF 将获得一笔加速资金。对于有产品和第一批客户但没有系统销售的初创公司和在国际市场上有系统销售和增长意愿的公司，IIDF 将提供高达 500 万卢布（约 6.8 万美元）的资金和相关加速计划。而对于在海外市场有系统销售并且已有收入的公司，IIDF 将投资高达 6 500 万卢布（约 88 万美元）以支持其建立全球性公司。此外，它们将从销售、战略、人力资源等多个方面协助公司发展，例如帮助初创企业建立业务流程、设置销

---

① M2M，Machine to Machine，即数据算法模型，指数据从一台终端传送到另一台终端，也就是机器与机器的对话。此处 IIDF 主要关注的是 M2M 技术在家用领域的应用。

售流程等。在开展业务的过程中，IIDF 团队也将和初创公司一起启动试点，并协助创业团队进行财务和审计控制等。除此之外，IIDF 也会将自己所建立的全球人脉资源提供给各创业团队，以期能够帮助初创公司扩大规模。与此同时，ZZDF 也会帮助初创企业吸引合作伙伴和潜在买家，以增加初创企业在后期增长阶段成功融资的可能性。总的来说，不论是从前期资金分类的提供，还是从项目实施中财务、销售等方面的协助上，都不难看出 IIDF 向初创公司所提供的资源与服务是细致且较为全面的。

三、生态系统的构建

IIDF 通过实施天使投资项目，与战略客户以及国内外领先大学进行合作来开发和构建自己的生态系统，促使基金会内外信息对称，为 IIDF 和初创公司带来更多的学习和扩展资源。

1. 天使投资

IIDF 内设弗里投资学院和共同投资计划两个天使投资项目。弗里投资学院主要是面向想要成为投资者的私人或机构，课程每三个月将开展一次，每次时长五天。课程内容以高管分享交易经验、与投资组合公司合作，以及为私人或机构投资者制定投资战略方案为主。通过该课程，企业家或天使投资者将学到组建技术公司投资组合、降低风险、构建风险交易并从中赚钱等知识与技巧。共同投资计划则是 IIDF 给予天使投资者的特权。参与该计划的天使投资者可以在加速器启动之前与 IIDF 基金会一同投资。天使投资者可以以相同的估值签订与 IIDF 基金相同的公司合同。该计划要求投资者最低投资额为 70 万卢布（约 9 538 美元）。

2. 战略客户

IIDF 的战略客户主要是寻求创新技术解决方案的公司和政府机构。"实现双赢"是 IIDF 与战略客户保持长期合作关系的一大目标。总的来说，将战略客户和初创公司连接在一起，由此，战略客户能够获得俄罗斯风险投资行业的最佳产品，初创公司可以获得新的市场和强劲而稳定的需求。具体来说，IIDF 获取了更多战略客户的需求和初创公司的创新点后，可以更好地指导初创公司和投资者选择有趣的技术发展方向和解决方案，以实现业务发展或得到投资。此外，这一合作关系还能帮助创业团队设计开发与需求对口的原型产品，促使创业团队与战略伙伴通过面对面会议促成产品创新，以及为验证初创公司的商业模式带来便利等。现俄罗斯交通部、通信部、工商会等多个机构以及一些企业已与 IIDF 达成合作伙伴关系。

3. 与大学合作

IIDF 与大学合作打造创业教育课程，教授高年级学生互联网创业相关知识，与此同时 IIDF 也关注着数字经济对俄罗斯教育系统的挑战等。现 IIDF 已与俄罗斯本土 140 多所顶尖大学签署合作协议。创业教育课程的内容安排遵循从创意到业务扩展的逻辑，追求理论与实践的平衡，以实践为导向来开展教育活动。在课程中，每个团队的学生可以创建他们的在线项目并开展实际的工作。在整个过程中，学生们有机会获得商业经验，了解创业过程和企业家所需的技能。

四、助推 IT 业务发展

1. 弗里加速器

弗里加速器是一个付费的业务发展计划，截至目前已经有 500 多家初创公司加入计划。其中 80% 的初创公司增加了收入和其他指标。该加速器旨在帮助初创公司找到需要其产品的客户，提高投资回报率，使业务盈亏平衡或增加利润。最重要的是在运营中寻找新的业务前景。一般来说，在 3 个月的团队加速过程中，初创公司的收入可以增长 2~10 倍、实现营业利润并将销售系统化。例如，为实现使销售系统化的目标，该计划细分 3 个月进行目标管理，主要工作内容分别为了解产品对客户的价值、设置销售漏斗和获得每周销售流。

而在加速器的资源上，IIDF 有 40 余位专家，并提供 60 多个小时的培训和大师班。培训会教授有关业务增长和扩展的工具，以使得初创公司能快速验证想法。此外，在员工招聘与激励、营销分析与产品包装、客户开发、成本控制和吸引投资等多方面，弗里加速器都会提供培训。通过培训，许多初创企业的业务都实现了质的飞跃。例如，一个专注于药剂师远程培训的公司 Pharmznanie，在参加了该加速器 3 个月的培训后，成功地将销售转化率提高了 7 倍，发展了一种新的商业模式，把交易周期缩短了 3 倍。同时，该公司还拓宽了自己的市场，将客户数量增加了 5 倍，销售收入增长了 2.5 倍。曾参加过该项目的许多创业者也表示在参与加速计划后市场得以扩大，销售转化率提高，利润额实现增长。

2. Go Global 全球发展计划

Go Global 全球发展计划是 IIDF 助力初创公司开展海外销售业务的加速计划。该计划旨在帮助初创公司快速获得国际专业知识、选择目标市场并推出可复制的销售模式。IIDF 调查发现，平均每个初创公司会花费几个月到一年的时间和超过 1 000 万卢布用来开拓国际市场，之后才能开始销售。

而 Go Global 团队则能够通过利用 IIDF 的资源使初创公司加快进入国际市场的步伐。Go Global 团队拥有来自 FRI 加速器的 500 多家公司验证的专业知识和工作策略以及相关的市场专家和导师。他们将帮助初创公司调整海外市场上的产品并寻找海外客户。通过 Go Global 团队协助创业团队进行计划管理和制定明确战略等，初创公司的工作效率将得到提高，月收入也可以提高至 100 000 美元。此外，Go Global 团队还将为初创公司的关键员工提供薪水。实践表明，Go Global 已为各参与计划的初创团队节省数万美元，并使它们免于犯一些错误，产生不必要的损失。

3. 销售启动车间

销售启动车间，顾名思义，是 IIDF 发起的协助初创公司启动销售业务的计划。在该计划中，创业团队将与"车间专家"一起，通过检查客户是否愿意为产品付费的一套"车间方法"来启动销售活动。"车间方法"内容丰富且具有针对性，例如，创业团队将和"车间专家"一起了解客户访谈技术，掌握客户的问题，并了解初创公司的产品与客户的匹配度。"车间专家"将为产品找到最可能快速实现交易的客户档案。与此同时,他们将"收集"产品,调整产品功能,并有针对性地包装产品价值。通过一套"车间方法"的操练,初创公司将掌握快速启动销售的方法,从而提高整个团队的经济指标、运营效率等多个方面。

4. 诊断会议

IIDF 也提供 IT 业务诊断业务。近 5 年来,共有 2 500 余个企业参加诊断会议,弗里加速器专家已对数千个案例进行了诊断。诊断团队在实践中确认了数百种技术,这些技术能够使 IT 业务实现倍数增长。同时,他们也收集了更多可能"毁掉"初创公司的错误。因此,通过诊断会议,初创公司可以明确自己需要关注的方面,发现阻碍公司快速成长的问题。

5. Cofoundit

Cofoundit 是弗里加速器面向初创公司和社会求职者的在线服务。弗里团队打造了一个类似线上招聘的平台,旨在帮助初创公司找到匹配的员工,同时也为求职者提供更多感兴趣的空缺职位。平台大致的工作流程是,求职者先在 Cofoundit 上完成信息注册,随即简历将保留在数据库中,系统则会自动为求职者匹配合适的岗位。匹配成功后,求职者和对应的创业团队即可进行面谈、签约等工作。

6. 弗里加速器教育计划

弗里加速器教育计划是 IIDF 为高管、企业家和专业人士打造的强化教育课程。该计划主要包含产品管理、业务管理和跟踪、风险管理三条支线,而每一条支线下又分别设有不同的课程。课程主要是在线的形式,时间在一日至一月不等。弗里加速器教育计划注重实践操作,学习者们可以在培训中得到导师专业的咨询服务与其他资源支持。完成报名课程后,学习者可以获得职业再培训文凭。

学习活动主要有团队合作、导师帮助和案例分析等形式。与此同时,该计划也会不定期举行一些现场交流活动,力图打造出让每一位成员都能融入的初创公司创新和发展社区。通过弗里加速器教育计划,学习者们能够更清楚地认识到各种管理工具和解决方案的利弊。

第三节　SkyDeck：源自大学的萌芽

■ABOUT

　　SkyDeck 依托加州大学伯克利分校庞大而优质的院校资源，致力于将宿舍项目加速发展为成熟的公司项目。它们坚信学术创始人是创新的源泉，科学没有国界，期待在全球范围内推动创新变革。SkyDeck 凭借伯克利加速法，每年帮助 120 多家初创公司实现了从萌芽到辉煌的飞跃。加州大学伯克利分校具有独特的社区文化，这里有奇特思想的交汇，天马行空想法的落地，丰富的资源唾手可得。本章相关资料引用自 SkyDeck 官网：https://skydeck.berkeley.edu/。

一、创业的学术摇篮

1. 创立

　　SkyDeck 是全球顶级的加速器，在 2019 年被《福布斯》评为大学加速器五强之一。它是加州大学伯克利分校的首要创业加速器，由加州大学伯克利分校的在校学生、校友和教师创立，哈斯商学院、工程学院和副校长办公室是联合创始部门。加州大学伯克利分校不仅是世界上最好的研究型大学之一，还是企业家、学生和校友成长和建立自己的创新型初创企业的独特场所。他们的想法很多是基于在课堂或实验室中遇到的问题，由此激发了创业欲望。SkyDeck 是唯一一家通过公私合作为初创企业提供资金的加速器，通过专门的投资基金 Berkeley SkyDeck 为伯克利的公共教育和创新创业提供支持。SkyDeck 加速器拥有完善的创业辅导体系，其中包括伯克利加速法（BAM 体系）、全球创始人计划、140 多名 SkyDeck 创业导师、

Demo Day、Berkeley SkyDeck 基金、UC Berkeley 创业生态等，能够为创业者连接专家，实现持续而快速地发展。

2. 联合资源

SkyDeck 最与众不同的地方，是将传统加速器的咨询业务与世界一流大学的研究型资源结合在了一起，初创企业家借此可以更好地开展创业活动。这种商业与学术研究合作的伙伴关系与 SkyDeck 独特的指导计划相契合，为初创企业的成长创建了强大的环境。SkyDeck 每 6 个月选取 20 家创业公司，拿出 50 000 美元资助，后期通过考验的企业可再次获得 50 000 美元。在第一轮融资中，SkyDeck 会拿出不超过 10%的资金，用于一系列业务活动，例如招聘、产品开发和营销等。

3. 开放共享

经济全球化背景下，学术资源之间的开放共享愈发成为常态。SkyDeck 坚信科学是没有国界的，他们十分欢迎位于美国之外的，希望与加州大学伯克利分校的师生建立联系的初创企业。SkyDeck 除了邀请伯克利分校的初创者，同时也邀请加州大学十个校区的分支机构的初创企业加入进来。截至 2020 年，SkyDeck 已与美国和其他十个国家的 24 家公司合作，一举成为有史以来规模最大的创业团队。

二、伯克利加速法（BAM 体系）

1. 独特之处

SkyDeck 特有的伯克利加速法，不同于一般的加速器。伯克利加速法分为三个板块：加速器项目（cohort program）、全球创新合作伙伴项目（global innovation partners program）和孵化器项目（hotDesk program）。这是加州大学伯克利分校的连续企业家、风险投资家和思想领袖基于自身的经验，综合考量之后进行的定制化设计，具有很强的可行性。加速器和孵化器程序之间的区别在于，加速器程序一般在设定的时间框架内进行，通常以"演示日"结尾，而孵化器计划并没有这样的时间框架。伯克利加速法的持续时间为六个月，经过上述过程之后，初创公司能够为筹资做好充分准备，以期从硅谷的风投公司筹集到第一轮投资。

2. 循环助力

伯克利加速方法，即 Berkeley acceleration method，又称 BAM 体系。BAM 体系包含筹资计划、设计与原型制作、产品价值、市场交易、团队发展、商业模式六大模块，由 BAM 体系延伸出的 BAM 研讨会，为初创企业提供系列课程与指导，帮助创业者掌握所需重要技能。

①筹资计划：一方面，制定资金战略和计划，建立目标投资者的渠道，制定资本化计划；另一方面，一个引人入胜的品牌故事，并且寻找讲好故事的方法。

②设计与原型制作：了解初创公司的设计工具，获得原型资源。

③产品价值：对各创业公司的产品进行展示，内容要与众不同。推出最简化产品，实现公司的价值主张，惊艳地呈现给大众。

④市场交易：为了保证市场交易的顺利进行，有必要测试第一批客户的兴趣，探索产品的发展潜力。确认公司的产品具有可行性之后，下一步需要制定上市策略，以此证明公司产品的可拓展性。

⑤团队发展：公司的长期持续发展离不开团队的建设，首先团队成员必须具备一定的技能水平，SkyDeck 可以为团队寻找人才，进行合适的技能组合，并制定员工成长计划。为了减少公司发展过程中的矛盾，应制定适当的规章制度。

⑥商业模式：商业模式涉及公司收入模型与定价模型，要根据公司的经营情况来评估收益模型的可行性，制定公司的财务计划，寻求知识产权的保护。

3. 头脑风暴

伯克利加速法下的 BAM 研讨会，旨在将初创企业家聚集在一起，就他们当下的一些想法和疑惑进行讨论，开启头脑风暴。SkyDeck 组建了 SkyDeck 导师团队，由投资人、行业领袖、专家、伯克利校友等 140 多名导师组成，同时还包括各个行业知名企业组成的行业联盟以及全球合作伙伴资源。SkyDeck 的一对一指导是根据创业团队的不同情况提供个性化指导。SkyDeck 还安排了专业人士负责对接创业团队，每周与全球创新合作伙伴团队召开会议，例会议程主要是收集创业公司目前面临的一些困难和想要的帮助。凭借强大的资源网络，SkyDeck 可随时为创业团队建立所需的联系，快速匹配导师、寻找合作伙伴、招募投资人等。

除了一对一服务之外，SkyDeck 依托加州大学伯克利分校强大的校园联系网，为团队提供各种校内外资源，例如，校内公开课、图书馆、伯克利实习生计划、校园 ID 申请（可访问校园网络，方便资料的下载）、哈斯创业小组交流等。除此之外，SkyDeck 还会不定时开展各种特色活动，如团队见面会、开放日、圆桌论坛等。创业团队有机会和 SkyDeck 的全球合作伙伴有机会对接，如知名 VC、独角兽、极客，包括红杉资本、阿里巴巴投资部 VC 等。

三、难以置信的支持

部分领域的初创公司在创业的初始阶段可能会遇到一些特有的问题，导致其在想法落地的起步阶段就停滞了。鉴于此，SkyDeck 以问题为导向，主动求变，积极寻找解决办法，引领企业将最初的想法付诸实践。

1. 优质医药孵化器

在生物技术、医疗技术或生命科学领域，从事颠覆性创意研究的初创企业可能会面临特殊挑战。在生物科学领域，即使确保某种科学方法具有潜力，也不能保证想法可以落地，正如在动物模型中起作用的物质，在人体试验时可能不起作用。由此创业过程就愈发艰难，初创公司所需要的就不仅仅是金钱，更是多方面资源的整合。鉴于此，SkyDeck 提出了生物追踪计划，借助 QB3 提供的专业实用资源。QB3 是迄今为止全球最成功的医药领域产学研相结合的孵化器，建立在加州大学十所高校联盟基础之上，拥有 6 个孵化中心，旨在支持加州地区生物医药行业初创企业完成初期加速，从而促进加州生物经济发展。到目前为止，QB3 已成功孵化 400 多家企业。每隔六个月，SkyDeck 至少选择两家初创公司加入生物追踪计划。

2. 把硅带回硅谷

过去二十年，硅谷越来越注重软件和商业模式的创新，但半导体行业的初创企业也一直在努力获取硅谷公司的吸引力，试图筹集早期的风险投资。在这个过程中，半导体初创企业面临的最大挑战是，新芯片的原型设计涉及高昂的启动成本，他们只有筹集到数百万美元才能使第一个原型"运转"起来。

为了解决创业者的这一大困难，2018 年 10 月，SkyDeck 启动新的芯片追踪计划，引导半导体创新的复兴。从 2019 年开始，专注于半导体设计和其他相关技术的初创公司获得了必要的专用资源，其中包括来自科学和行业顾问的专业知识。对于创始人而言，这是一个机会，可以将他们最初的设计应用到芯片上，甚至可以在筹集到外部资金之前就将其设计的产品推向市场。

SkyDeck 通过芯片追踪计划汇集了全球计算机架构和专门集成电路设计方面的杰出专家，吸引了来自关键行业领导者洽谈合作。每六个月，将有两家初创公司入选芯片追踪计划。在参与长达 12 个月的计划之后，初创公司将获得技术上的全面进步，也将获得 SkyDeck 的 10 万美元投资和来自行业合作伙伴的各种资源。

SkyDeck 基金董事总经理唐冲（Chon Tang）表示："这项新计划将有助于将硅带回硅谷。通过与 Cadence、TSMC 和 SiFive 等主要行业领导者的合作，伯克利 SkyDeck 将为新一代的半导体初创公司提供强大支持。"

3. 航空航天领域

SkyDeck 的 Aero Track 计划为初创企业提供世界一流的航空航天专业知识，并与航空航天和空中交通领域的专业机构建立联系。他们可以通过航空航天校园的资源，与交通运输研究所以及美国航空航天局（NASA）艾姆斯研究中心进行沟通交流。美国航空航天局艾姆斯研究中心地处加州的 MoffettField，它将高科技的绿色设计元素融入空间探索领域，形成可展现 NASA 智能技术的工作环境。艾姆斯研究中心是一个面向产业界、学术界、非营利组织和政府的世界级共享研发和教育园区。在这里，初创者可以和 NASA 的科学家、工程师进行前沿研究，除此之外，初创者还可以获得在航空航天工业领域具有悠久创业经验的专家和投资者提供的定期支持。

四、非凡社区

对于初创公司而言，一旦参与了 SkyDeck 项目，便可以获得 50 个行业合作伙伴、240 位顾问，以及 500 000 多名伯克利校友组成的网络资源。SkyDeck 营造的创业社区，包括了加州大学伯克利分校社区、加州大学伯克利分校学生社区、伯克利科学研究员以及哈斯创业小队。

1. 学生创业者

作为伯克利分校的创业机构，SkyDeck 拥有丰富而良好的学生资源。商学院意识到只教授创业课程，缺乏课外创业的机会是目前的一个突出问题。同时，越来越多的 MBA 的学生想要创业，他们不再只研究他人的创业案例，还想获得实际的创业经验。学生是创新想法的重要来源，SkyDeck 提供了多种方式邀请学生加入，鼓励加州大学伯克利分校的学生积极探索创业机会。特别地，Hot Desk 计划面向所有学生创办的初创公司，Hot Desk 计划的初创公司通常是那些尚不适合同类研究计划的公司，或者是由学生或教师创立的公司。学生可以在开放的工作区域中工作，促进思想的启发，想法的传递，并有机会参加一些研讨会和活动。

2. 教师创始人

除了学生，知识渊博的教师也会有一定的创业想法。不少老师都参与了 Cohort 计划和 Hot Desk 计划，如电气工程与计算机科学系的肯·戈德堡（Ken Goldberg）教授创立的两栖实验室，电气工程和计算机科学系安娜·阿里亚斯（Ana Arias）教授和迈克尔·拉斯提格（Michael Lustig）教授研究的墨空间成像，电气工程与计算机科学米歇尔·马哈比兹（Michel Maharbiz）教授和何塞·卡梅纳（Jose Carmena）教授创办的艾塔生物科学公司（Iota Biosciences）等。

这些教师不仅是 SkyDeck 的专业领域的领路人，还可以为科技领域的创业者提供独特的指导。SkyDeck 举办了许多有教师参与的活动和计划，包括：为有兴趣赞助校园研究的行业合作伙伴举办的介绍会；SkyDeck 行业合作伙伴参与的圆桌会议；面向教师的创业咨询活动；实验室使用指南分享会等。

3. 科学研究员

伯克利科学研究员计划负责招聘博士后，并将其介绍给 SkyDeck 的初创公司，科学研究员将有机会选择他们希望与之合作的创业公司。该计划鼓励加州大学伯克利分校的博士后加入创业过程中，博士后作为研究科学家，为初创企业提供科学的专业知识，帮助初创企业达成他们的使命。伯克利科学研究员计划的核心功能是将博士后研究人员与加州大学伯克利分校的企业家社区的初创企业联系起来。这将为博士后提供宝贵的现实工作经验，同时帮助创业公司从博士后的科学专业知识中受益。伯克利科学研究员可以向初创企业提供建议，以解决特定的科学问题，包括产品开发、过程故障排除、撰写论文、进行评论、实验数据分析和演示文稿，以及参加集思广益讨论会，甚至提出创业构想。

4. 哈斯创业小队

哈斯创业小队由路德维希·舍纳克（Ludwig Schoenack）创办。他从麦肯锡咨询公司离开后，加入了这里，他以打造创业生态体系作为自己的使命，致力于将 SkyDeck 与 MBA 智能连接。进入 SkyDeck 之后，舍纳克开始与多家初创公司合作，运用在麦肯锡公司磨炼的技能，在高压的环境下工作，促进团队合作，解决难题。后来合作的公司过多，Schoenack 就邀请 MBA 的学生加入，也就从个人作战到现在的团队协作。作为一个由 MBA 学生组成的团队，其旨在帮助哈斯商学院的学生与加州大学伯克利分校孵化器 SkyDeck 的企业家建立联系。哈斯创业小队将雄心勃勃的商科学生与最有前途的 SkyDeck 初创公司联系起来，促进彼此相互学习。SkyDeck 的创始人常常关注的是计算机科学和技术，但寻求市场机会、制定适当的商业计划也是创业过程中至关重要的一环。因此，他们需要商业元素的融入，立足于加州大学伯克利分校的大环境下，哈斯商学院无疑可以提供最佳的选择。对于 MBA 学生来说，SkyDeck 提供了一个进入初创企业世界的窗口，并提供了一个磨炼商业技能的机会，甚至有可能帮助创建下一个独角兽或十亿美元的公司。

第四节　Wayra：创新合作的枢纽

┌ - - - ■ABOUT - ┐
┊
┊　　Wayra 创立于 2011 年，是西班牙电信公司（Telefónica）首创的一
┊
┊ 个开放型创新枢纽，属于企业型投资基金。基于 Telefónica 的业务布
┊
┊ 局，Wayra 在世界多地拥有枢纽中心，主要分布在拉丁美洲和欧洲。
┊
┊ 目前，Wayra 运行着五个针对不同垂直领域的加速器项目。Wayra 注重
┊
┊ 业务合作等创新模式，为企业家和 Telefónica、政府和其他合作伙伴提
┊
┊ 供了一个独特的合作机会，也为其创新生态系统增加了价值。本章相
┊
┊ 关资料引用自 Wayra 官网：https://www.wayra.com/。
┊
└ - ┘

一、Wayra 的诞生

1. 创立背景

了解 Wayra 应该从全球公司 Telefónica 出发。Telefónica 是西班牙的电信公司，是该行业的巨头，在多个国家都分布有其业务网络。但在发展过程中，Telefónica 团队发觉自身业务创新和技术创新十分乏力，因此，创建一个与创新企业相连接的组织的想法油然而生。而 Wayra 就是 Telefónica 所找到的致力于创新的解决方案。

由此，2011 年，在西班牙电信欧洲首席执行官何塞·玛丽亚·阿尔瓦雷斯－帕莱特（Jose Maria Alvarez-Pallete）的领导下，Wayra 得以创立。Wayra 自定义为 Telefónica 公司与创新界的接口，在全球范围内孵化和投资创新型公司，是世界上最具全球化、互联性和以技术驱动的创新中心。其明确目标是帮助初创企业在全球范围内发展。值得注意的是，由于 Wayra

第二章　支持型孵化器

自身的性质和创建目的，接受了其投资的初创公司可以继续以公司形式开展业务，但不得再保留其知识产权。也就是说，知识产权将划归 Telefónica 公司所有。

2. 运营现状

现今，Wayra 在 10 个国家或地区运营着 11 个 Wayra 枢纽中心，公司地点分别分布在阿根廷、巴西、智利、哥伦比亚、德国、墨西哥、秘鲁、西班牙、英国和委内瑞拉。Wayra 拥有 5 个加速器项目，每年大约支持 50 家企业。迄今为止，已孵化了 400 多个创业公司，完成了 1 000 多笔投资。截至目前，已有来自 Wayra 的 90 多家初创公司与 Telefónica 合作，为 Telefónica 及其客户提供颠覆性解决方案。

二、别具一格的模式

1. 合作共赢的初心

比起其他的孵化器、加速器项目或天使投资，Wayra 模式更加强调业务上的合作共赢。一方面，Wayra 推进 Telefónica 业务创新发展。基于 Wayra，Telefónica 可以更方便地寻找能够补充西班牙电信产品的技术，或帮助集团提高效率的技术，如物联网、视频、大数据、人工智能、网络安全、金融科技、区块链等。通过投资这样一些有潜力的并且与 Telefónica 业务相关联的技术型初创企业，能够有效弥补自身业务创新能力的缺口。与此同时，Telefónica 也可以借助初创企业来为自身的业务及其客户网络带来创新。另一方面，Telefónica 是初创企业发展的门户。它在全球多个国家或地区都有业务布局，通过 Telefónica 的中心网络，Wayra 可为初创公司提供访问各大平台、技术和专家的资源，并为他们提供与西班牙电信共同开展业务的机会，以及超过 3.5 亿的客户，以便初创企业测试新的产品和服务，协助初创企业往国际化方向发展。

因此，相比其他孵化器常规的"投资—持股—收益"的模式，Wayra 更重视业务上的互助共赢。他们对具有新兴技术的初创企业进行投资，并提供各种资源推动其发展的同时，也受益于初创企业的新兴技术，推进自身的业务创新。对于 Telefónica 来说，Wayra 体现了自身与初创企业间的一种合作互利的良性循环，是将西班牙电信公司与不同初创企业连接在一起的创造联合商业机会的中心。

2. 多面互联的布局

正如前文所说，Telefónica 的业务是全球性的，Wayra 的业务覆盖面也是全球性的，它们的业务从不局限于西班牙国内。当设立孵化器的点子从 Telefónica 团队中出现之后，Wayra 枢纽中心就陆续在 Telefónica 业务覆盖的地区设立，主要分布在拉丁美洲和欧洲，包括设在智利的 Wayra Chile、秘鲁的 Wayra Peru 等。各个国家或地区的 Wayra 枢纽中心相互联结、相互支持，促成了世界各地的电信业务与技术的颠覆者之间的连接。

除了在全球业务上的互联，Wayra 还是西班牙电信互联开放创新组合的一部分。西班牙电信互联开放创新组合还包括"开放未来"、Telefónica 风险投资公司、Telefónica 科技风险投资公司和 Telefónica 激活计划。"开放未来"是西班牙电信公司 Telefónica 与公共和私营实体合作的区域开放创新战略，在全球布局了超过 35 个中心，促进区域创业生态系统的发展，支持 800 多个初创公司突破和成长。它们的目标是企业家精神普遍化和民主化。Telefónica 风险投资公司则是 Telefónica 公司的战略风险投资工具。Telefónica 风险投资公司旨在应对电信行业面临的巨大挑战，并利用尖端技术创造新的业务。它们通过直接或间接投资初创企业，选择完全符合 Telefónica 全球战略的战略伙伴。Telefónica 科技风险投资公司则是由 Telefónica 风险投资公司和 ElevenPaths[①] 共同创立的全球网络安全风险投资工具，旨在投资最好的网络安全初创企业，共同发展新业务。而 Telefónica 激活计划旨在将市场上初创企业的解决方案规模化。该项目以最快、最简单的方式提供独家、免费的新技术访问，能够帮助初创企业通过 Telefónica

---

① 全球高质量的互联网安全媒体和技术平台，致力于安全事业的人才们进行交流和分享前沿安全技术的社区。

的不同技术平台推广项目，而无须额外费用。由此看出，Wayra 在西班牙本地也和其他计划和项目有效联动着，彼此协作共同推动整个创新创业生态系统的发展。

3. 破坏性创新观

在 Wayra 看来，所有的公司都面临着两种选择，一种是主动破坏，另一种是被动破坏。不论是哪种选择，都会为企业带来创新变革。自 2011 年以来，Wayra 对开放创新的承诺从未动摇过，它们始终相信企业可以通过与世界各地的企业家携手，确定未来的技术并重塑自己，并通过侦察、业务开展和建立网络等形式来实现数字转型。因此，Wayra 是将公司和初创企业聚集在一起以创造共同商业机会的领导者，他们的创新是具有破坏性的。

4. 多元化的力量——女性创业

不论在国内还是国外，技术部门的男性员工比例往往远高于女性员工。Telefónica 作为电信行业的巨头，对技术部门缺乏多样性并不陌生。但 Telefónica 的团队通过对各行业和日常的业务的观察发现，多样化的初创企业失败的可能性要低 50%，并且多元化公司在日后的发展中往往会更加成功。因此，如同智利由政府引领的创新孵化器 Start-Up Chile 一样，Wayra 倡导性别平等、对女性友好，对女性企业家始终表示支持。他们致力于将"妇女创业"作为一种促进技术部门、行业以及整个社会转型的工具，以期通过对女性创业的支持来创造一个更公平、更平等的社会。在 Wayra 的投资组合中，有 20% 的初创企业由女性担任高级管理职位，且其中有 70% 的女性是首席执行官或创始人。

三、投资倾向与要求

1. 专注领域与甄选要求

基于之前所介绍的 Wayra 创立的背景，Wayra 的加速器计划更多面向在科技领域具有增值潜力的优秀初创公司。能够为电信行业带来创新改变的公司是 Wayra 关注的重点，但并不局限于电信行业，初创公司的业务可以是任何能够卖给 Telefónica 客户群体的东西。具体来说，它们正在寻找物联网、人工智能、机器学习、大数据、网络安全、视频和 AR/VR、区块链、边缘、5G 领域的行业领导者，以及任何可能对电信公司或其客户的未来感兴趣的解决方案。

基于此，Wayra 在对初创公司的甄选过程中主要有三个要求。首先，初创公司的团队应是卓越且坚定的，是一个愿意迎接挑战的平衡团队；其次，该初创公司应已经达到了某些具有里程碑意义的进展或成就，也就是说，初创公司的创新或亮点不应仅是一个想法，还应有一个经过检验的市场模型。其三，Wayra 期望能够为初创公司添加一些东西或提供空间、指导等资源，实现双赢。

2. 投资概况

Wayra 的主要业务涉及网络安全、大数据、电视、区块链等领域，倾向于投资希望与 Telefónica 合作的公司。并且，Wayra 喜欢与其他基金一起对初创公司进行投资，以确保初创公司有足够的现金来克服挑战。

在投资对象范围上，Wayra 是全球化的，他们几乎可以在任何国家进行投资，只是更加倾向于当地有 Wayra 或 Telefónica 业务办公点的国家或地区。初创公司可以通过电子邮件直接将项目发送给 Wayra 总部，亦可利用 Wayra 组织的各类活动与团队取得联系。成功加入 Wayra 相关加速器计划的初创公司将获得 5 万~15 万美元的资金作为启动或加速基金。除此之外，Wayra 作为一种企业投资基金可以将企业所拥有的资源网络"嫁接"给初创公司。比如，新进入的初创公司将可以利用 Wayra 遍布不同国家或地区的 11 个枢纽中心进入新的市场。Wayra 还为初创公司提供访问本地办公空间、合作伙伴和投资者等的机会。而在提供机会的同时，作为投资基金的 Wayra 也将持有初创公司的少数股权，具体分量将视情况经谈判确定。对于初创公司的知识产权问题，由于 Wayra 特殊的性质和目的，初创公司的知识产权在任何情况下都属于 Wayra 所有。

四、强调企业间协作的加速器

近年来，Wayra 在不同的国家创建并启动了五个加速器项目。值得注意的是，Wayra 注重与其他企业的协作，它们的加速器项目多是与各地的企业进行合作创办的，合作的企业包括西班牙国家铁路公司（Renfe）、诺华制药公司（Novartis）、法国巴黎卡迪夫银行（BNP Paribas Cardiff）、巴西国家银行（BNDES）和英国政府通信总部（GCHQ，UK）等。

1. 与 Renfe 合作的 Trenlab

Trenlab 是 Wayra 与 Renfe 联合开发的初创公司加速器，其对应的垂直领域为运输和物流业。从 2018 年开始，Trenlab 已经部署 3 个团队，支持 8 个初创企业。Trenlab 已经加速了全球 800 多家初创企业，成为西班牙流动性、运输和物流的开放式创新中心。

2. 与 Novartis 合作的医疗保健加速器

位于英国的医疗加速器，是 Wayra 与 Novartis 合作的建立，旨在通过开放式创新行动来构建封闭式创新体系。该项目已被贴上健康中心的标签，并在 2019 年年底前投资了八家优秀初创企业。显而易见，其关注的垂直领域是医疗科技，项目重心是选择顶级初创企业来解决 Novartis 的痛点，并以 NHS（英国国家卫生服务）为导向，创造商业发展机会。

3. 与 BNP Paribas Cardiff 结成联盟

Wayra 与 BNP Paribas Cardiff 的保险部门结成联盟，一致认为"技术专长是策划与侦察游戏中的规则改变者"。因此，该项目旨在通过寻找和选择哥伦比亚生态系统中最好的初创企业，以证明其理念。其对应垂直领域为人工智能与网络安全，项目位于哥伦比亚。

4. 与 BNDES、Liga Ventures 结成联盟

Wayra 与 BNDES 和 Liga Ventures 结成联盟，创建了一个从端口到端口（end to end）的加速器项目，其内容包括战略定义、初创企业的业务选择、商业发展等。该加速器在巴西创立，是一项高复杂度的国家项目，其对应

创业推手
全球领军孵化器模式创新与实践经验

垂直领域为健康技术、可持续性、循环经济、安全、金融科技、教育技术、物联网和区块链。该加速器的初创企业数量是 Wayra 旗下加速器中最多的，共有 74 家入选的初创企业。整个加速计划为期一年，在这个过程中，整个巴西创业生态系统被有效激活。

5. 与英国政府合作的网络安全加速器

网络安全加速器是 Wayra 与英国政府通信总部（GCHQ）、英国国家网络安全中心（NCSC）和英国数字、文化、媒体和体育部（DCMS）合作的，其对应垂直领域为网络安全。截至目前，根据业务的不同该加速器已成功组建了 3 个群。每个群最多可选出 10 家公司，加速期约为 9 个月。网络安全加速器为初创公司提供从推广、融资、指导到业务发展的全套方案。

五、服务与支持

1. 全球化的团队

Wayra 总部设在西班牙电信公司 Telefónica。为了配合 Wayra 在各个国家的枢纽中心及加速器项目，Wayra 的团队成员来自世界各地，由来自不同领域和背景的专家组成，极具多样性。值得一提的是，Wayra 不仅倡导初创公司发展中要男女平等，其自身团队组成也体现了对性别平等的追求。从数量上看，32 名 Wayra 核心团队成员中，有 18 位女性。与此同时，团队中的每一个成员都是科技爱好者，他们的共同目标是通过创业和创业生态系统传递他们对科技和持续创新的热情。在工作的过程中，总部团队会保持与其他国家或地区的枢纽中心成员的联系，以更好地为初创公司提供支持。

2. 丰富资源支持

加入 Wayra 各地加速器计划的初创公司会获得 Wayra 全方位的资源支持。比如，加速计划将会为初创公司提供高达 15 万美元的资金，提供访问西班牙电信在全球 17 个国家或地区所拥有的 3.5 亿客户群、全面的投资者网络以及全球战略伙伴网络的机会。在公司软件培训方面，Wayra 会打造一对一会议、大师班等，为创业团队提供培训机会。与此同时，Wayra 的教练群体也会为初创团队们提供深入、实用的商业建议。它们也会为不同公司匹配不同导师，为初创公司提供有针对性的指导。位于不同枢纽中心的团队为初创企业提供的资源也有所差异。例如，在巴西的枢纽中心，除了 Wayra 统一的资源外，初创公司有机会接触巴西最重要业务的高层管理人员。

3. 创新举措

除了在世界各地创立枢纽中心外，Wayra 还提出并实施了多项创新举措，以更好地支持初创公司的发展以及和电信公司的合作。这些举措包括"下一个趋势"、Wayra X、Wayra 建筑商和 Wayra Perks。

"下一个趋势"是一项针对数字领域的颠覆性倡议，旨在让初创公司与消费者市场建立联系，建立市场反馈机制并实现增长。对于消费者来说，这是一个开放的创新窗口。他们可以毫不费力地发现最好的新型数字服务和趋势，与其他消费者和企业家一起给出反馈和改进建议，实现初创企业和消费者共同创造创新。

Wayra X 是一个 100% 的数字枢纽，旨在在全球范围内投资未来的独角兽企业，投资那些能够清除最复杂业务，即"X"业务的企业家，并通过将最新的技术纳入日常生活来改善人们的生活。在 Wayra X 中，"X"业务可以是一个在世界任何地方存在的复杂业务。

Wayra 建筑商则是利用西班牙电信拥有的技术、人才甚至专利，从零开始辅助初创公司，并试图解决在市场上找不到解决方案的问题。Wayra 建筑商与商业天使投资人、风投一起投资这一类纯粹的具有全球野心的数字初创公司，尽管这类公司已出现在 Telefónica，但独立运营能够加速 Wayra 建筑商的公司发展和进入市场。

Wayra Perks 是 Wayra 打造的一个创新平台，旨在帮助 Wayra 的企业家和初创公司成长。依靠 Wayra 的合作伙伴和 Telefónica，该创新平台将帮助初创公司节约大量资源并提供巨大的福利和信贷资金。

第五节 Coplex：务实创新的力量

■ABOUT

Coplex 于 2000 年由伊利亚·波律（Ilya Pozin）创立，总部位于美国亚利桑那州凤凰城，在美国加利福尼亚州的玛丽安德尔湾和华盛顿州西雅图也有设点。他们旨在与雄心勃勃的公司合作，连接、提升和服务于全球创业社区，打造属于未来的业务。Coplex 专注于数字化业务，关注医疗保健行业。团队拥有一套有助于自身沉淀的创新方式，在结构化的创新方法下，强调务实执行而又不失灵活性。自 2000 年创立以来，公司已为超过 300 家初创公司服务，并被《企业家》杂志评为"七大创业加速器"，被《福布斯》《华盛顿邮报》《今日美国》和其他多家媒体报道。本章的相关资料引用自 Coplex 官网：https://www.coplex.com/。

一、创立与团队故事

1. 身份的转型

Coplex 创立于 2000 年，地处美国凤凰城，目前是美国排名靠前的创业加速器。而在创立之初，Coplex 并非是初创公司的孵化器，而仅是一个设计和创新公司，专注于数字创新。随着时代浪潮的推进和市场的变化，Coplex 团队认为，仅仅提供设计和创新服务已经远远不够，成为创业建设者才是目标所向。于是乎，2016 年，在首席执行官扎克·费雷斯（Zac Ferres）的领导下，Coplex 收购了当时拥有的所有合作伙伴，成为业务的唯一所有者。自收购以来，Coplex 的身份转型为企业创业工作室，成为企业创新更多面的合作伙伴。Coplex 将自己定位在初创公司和现代企业的交汇处，他们多与经验丰富的企业家和雄心勃勃的初创公司合作，设计、验证和建立新的初创公司。

和其他孵化器一样，Coplex 也有着自己的加速计划，并为初创公司提供各类资源，打造创业生态系统。自建立以来，Coplex 已帮助 300 余家初创公司成功启动，累计筹集资金 15 亿美元，市场价值高达 45 亿美元。

2. 背后的团队

成功加速器的背后往往有一个出色的团队。Coplex 团队由创意者、梦想家、制造者、不同思维者以及那些希望推动创新、努力建设未来的人组成。团队成员们虽来自不同的背景、行业，拥有不同的专业知识，但在各自的领域皆拥有丰富的经验，且有所建树。特别在创业领域，团队中的大多数人以前都拥有自己的公司，或曾在高增长的初创公司任职，或是领导过一些创新创业计划。因此，在创业实操方面，Coplex 与初创公司感同身受。面临困难，Coplex 也可以提供更具操作性的指导意见。Coplex 拥有世界一流的团队，以期为初创公司提供成熟的计划，帮助其更快地创新。

3. 激情的首席执行官

Coplex 团队里少不了这样一位核心人物，即目前担任 Coplex 首席执行官的扎克·费雷斯。弗雷斯是一位终身创业者，十几岁时就开始了他的创业之旅。他 24 岁时卖掉了第一家科技公司，2010 年被公认为世界顶尖的学生企业家之一。他对于创业和创业生态的热情一直伴随着他整个职业生涯。对于他来说，没有什么比建立促进增长和创新社区的生态系统更令人兴奋的了。

费雷斯于 2011 年加入 Coplex，在 2012 年成为公司的首席执行官。费雷斯的热情感染着整个 Coplex，在他的主导下，Coplex 完成了身份和商业模式的转型，开启加速器之路。创新是 Coplex 风险建设模式的基础。但对于费雷斯来说，公司的使命绝不仅是是帮助建立初创科技公司，而是在世界各地建立繁荣的创业生态系统，激发经济、创造就业机会和改善生活。得益于费雷斯的激情和杰出实践能力，Coplex 在发展过程中筹资顺利，能够有序地发展高增长科技企业，并拓展新市场。2019 年，费雷斯带领公司向美国俄克拉何马州的塔尔萨扩张，这是除了凤凰城和洛杉矶之外的第三个市场。作为此次扩张的一部分，Coplex 还与一些研究实验室建立了合作伙伴关系，授权在 2020 年年底将五家新企业推向市场。

费雷斯也深知团队是公司成功不可或缺的一部分。因此，他重视整个团队的价值观打造，健康、正直、有趣和创新（wellness，integrity，fun，and innovation，WiFi）即是 Coplex 文化的基础。在这些价值观的驱动下，费雷斯带领团队成员们尽可能将工作做到最好。在费雷斯的带领下，Coplex 稳健地拓展业务，将期待创造和重构世界的人聚集在一起实现创新。

二、助长优势的计划

1. 独特的创新方式

Coplex 有一套自己的方法来快速构建数字业务模型，以颠覆行业、加速创新并提高企业价值。这正是一些求变的传统企业或创新者们想要的，他们往往也希望能够创建一种新的数字商业模式来成为行业变革领头人。而创新和数字转型早已成为 Coplex 团队 DNA 中的一部分，他们不断扩大世界级专家团队的队伍，不断增强各种创业工作室的能力，以帮助各种规模的公司更快地创新。无论是中小型企业还是创新领导者，Coplex 都能为其提供建立下一波高增长趋势所需的优势。

不同于其他典型的孵化器，Coplex 只与经验丰富的企业家或具有广泛行业经验、专业知识的创业人士合作。除此之外，那些期望与内部行业专家一起创立新的分拆公司①的企业，也被其视为合作对象。公司创始人无

---

① 分拆公司，指从原有公司分出一部分成立一个独立的公司。

须有商业计划。"分拆"是 Coplex 的亮点之一。所谓"分拆",即以一家传统公司的专业知识为基础,来将其剥离出或转化为一家有利可图的技术公司。例如,由一位整形牙医创办的分拆企业——Smile Virtual 便是从传统的整形牙科行业剥离出来的初创公司。该公司为有兴趣改变微笑的人提供免费的在线咨询。通过 Smile Virtual,整形牙医们在 6 个月内获得了 100 名新患者。与此同时,他们还能够将解决方案出售给 150 多个其他的牙科诊所,实现平台利润。由此可见,在 Coplex 的分拆下,牙医们利用原本就具备的专业知识,发现了行业新痛点,创办了"分拆"公司,成功推出创新业务。

2. 加速器计划

Coplex 独特的创新方式使他们对合作伙伴有着较高的要求,如前文所介绍的,他们更多的是跟经验丰富的企业家、专业人士合作。所以,通过高准入标准而达成合作的初创企业也同样要求 Coplex 提供优质的服务和计划。为此,Coplex 团队为他们提供两类加速器计划。其一是企业创新计划(corporate innovation program)。该计划是 Coplex 特有的辅助计划,旨在帮助团队将创新想法转变成独立的高增长科技初创公司,通过创造新的业务来提高有形的企业价值。其二是创投建设项目(structure venture builder program)。该项目专注于快速测试和验证关键假设、组建运营团队、开发技术以及将概念引入产品市场和投资市场。项目通常持续 9~12 个月,采用精益创业方法构建,并提供产品开发、沉浸式教育、筹款、指导、私人活动等支持,努力通过优化建立成功企业的机会来消除创业过程中的风险,为行业专家、经验丰富的企业家和企业创新者提供一个"从创意想法到种子准备"的平台。不论是在哪个计划,在与 Coplex 的合作中,企业皆可瞄准自己的优势,并助推其成为可变现的价值。

3. 关注医疗保健

Coplex 团队曾与一些领先的医疗保健公司合作或为他们提供过服务,

例如同样关注健康领域的孵化器 Dreamit、以拯救并延续生命为使命的 Baxter 等，可见医疗保健早已注入 Coplex 的 DNA 中。降低行业成本、改善医疗服务和满足消费者期望是 Coplex 的初衷，建立对人们生活产生积极影响的企业是 Coplex 的目标。

　　Coplex 团队拥有 50 多年的综合经验，了解医疗保健行业的细微差别。从远程医疗到卫生系统，Coplex 有着深厚的医疗保健专业知识和久经考验的创业记录，这使得他们能够帮助企业快速实现新业务的商业化。此外，Coplex 还构建了一套医疗保健领域专属的资源，包括数字医疗保健专业知识、深度支付和供应商体验、稳健的合规计划、获得投资和资金来源的保障、标准的验证和执行引擎，以及久经考验的快速部署平台和网络。六种资源涵盖广泛，为初创公司的启动提供了有效保障。在 Coplex 的创新服务下，已有多家医疗保健初创公司成功启动并实现商业价值，并在一定程度上提高了人们的生活品质，给不同的群体带来便利。例如，帮助护士群体准确寻找职位并快速获得报酬的人才平台 Nurseio、利用 AI 助手来指导客户完成投保流程并正在改变人寿保险购买方式的 Insurmi 等。

三、务实与灵活并行

1. "成功公式+执行"

　　在 Coplex 的文化里，"执行"是创造价值、实现创新的关键。而在执行之前，企业应找准自身定位或行业痛点，并制定一套保障执行有效性的程序。因此，对于与 Coplex 建立合作的企业，Coplex 首先会指导企业解锁自身优势，并引导其专注于核心业务，同时探索公司治理之外的新市场可能性和可能扼杀创新的失调激励措施。通常，企业将通过对客户、数据、分配、知识产权、合作伙伴和品牌六个方面进行自我诊断从而完成自身定位。紧接着，Coplex 有一套经过验证的成功公式作为保障执行的程序。该公式包含八个部分，按照常规的创业推进顺序整理为：想法生成和优先级、业务模型验证、产品设计与开发、运营和管理团队安置、进入市场战略、品牌与定位、成长营销以及投资基金。由此,找到定位、瞄准核心的企业便可以在成功公式的框架中"执行",进行价值创造。

在整个执行过程中,Coplex 始终是企业的伙伴。花了五年的时间来建立框架、专门知识和生态系统的 Coplex 的商业设计师、战略家和技术人员团队能够更好地引导合作企业应用成功公式,与自身核心优势相结合,驱动商业模式、商业战略,实现财务价值。

2. 轻松灵活的氛围

Coplex 虽然重视务实,但并非是陈旧死板的。Coplex 十分重视创意、协作的力量和工作场所的多样性。在 Coplex 工作,爱狗人士可以与宠物一起享用办公空间,员工们可以灵活地选择自己的工作地点(家或 Coplex 其他工作点)。Coplex 曾提供可远程在家工作的全职工作,或是提供每周远程工作两天的选择。此外,首席执行官费雷斯还提倡"尝试新事物"的文化。一旦有人有想法,费雷斯就鼓励他们组织实验,若可行便迅速制度化。从上述种种可以看出,Coplex 的整个工作氛围是轻松灵活的,他们不拘泥于形式,设立各种制度和体系的根本目的是使团队成员们以最佳的状态将工作做好。

四、多样的工具性资源

Coplex 发现存在这样一个问题:很多人想要在企业中快速启动创新工作,但往往不确定从哪里开始。为解决该问题,Coplex 打造了一套自己的工具性资源,具有高度的可操作性,包括电子书、白皮书和博客等。通过对这些工具性资源的阅读和学习,企业能够更快地将内部创新理念转变为新的业务模式,通过数字化转型创造未来。

1. 电子书

Coplex 已出版两本电子指南,在其官网皆可下载或在线阅读。指南从宏观到微观，从总括到具体，回答了在这变化多端的时代背景下为何创新、如何创新的问题，以期能够充盈和完善创业者们的创新观，并给出具体执行方案。

一本是防止经济衰退的商业创新指南。该指南主要向创新者们传递一个观念：经济衰退是不可避免的，但它们并非商业的死刑，反而可能会为强大到足以经受风暴的组织带来力量和创新。简言之，经济衰退既是挑战也是机遇。而如何在不可避免的因素中拥抱变化、创造价值、孕育创新则是指南具体的内容。指南总共分成六个部分，以经济衰退的创新为中心主体，遵循"为什么到如何做（Why to How）"的逻辑，汇编了相关的见解、提示或技巧，并分享一些成功故事以展示一些行之有效的方法，以期能够帮助所有初创企业和创始人为公司建立创新驱动的安全网，更好地保障员工的生计。

另一本是企业创新战略指南。该指南则主要想要传递另一个观念：随着数字技术不断加速和改变经营方式，创新是当务之急。而如何将内部想法转化为创新成功是指南具体讨论的内容。该指南与商业创新指南一样遵循"为什么到如何做"的逻辑，共分为六个部分，深入探讨了如何成功创建创新计划，包括了解创新的重要性、如何制定创新发展战略、公司文化的重要性，以及如何利用组织内的专业知识来塑造行业的未来等。

2. 白皮书

Coplex 的白皮书名为《让你的业务更上一层楼》，一样具有较高的可操作性。白皮书主要回答了关于如何提高企业估值的问题，介绍了如何利用自己的竞争优势引领行业变革，如何将最佳创新理念转变为可扩展的数字业务模式，提高现有业务的价值。具体来说，通过该白皮书，创始者可以了解为什么科技企业能比非科技企业获得更高的估值、10 个能够推动业务估值的因素及其重要性、为什么推出技术没有想象中危险，以及如何利用自身竞争优势来释放现有业务的真正价值。Coplex 期望在白皮书的观念和业务指导下，公司可以在 36 个月内将估值提高 5 倍。

3. 博客——把握创新动态

为了更好地把握创新创业的最新动态，Coplex 打造了博客信息分享平台。Complex 团队每月都将上传 1~4 篇博客，每篇博客内容所需阅读时间多为五六分钟，便于创新者们利用碎片化的时间增补知识。博客内容包括业务领导、增长和发展等多个方面，涵盖文化、技术和数字化转型等多个主题，具有多样性和包容性。

4. 其他资源简介

除去上述介绍的知识资源外，Coplex 还为创新者们打造了实时获取信息的信息网。信息网主要为创新者们呈现关于企业创新的 25 个事实，以期帮助企业找出创新失败的原因，以及成功的创新者采用的是哪些做法实现目标。此外，Coplex 还开设案例研究模块，不定期上传与之合作的企业创新成功案例，例如，在 9 个月内实现从创意到营收的 Steady Install 的创新过程及其协同工作方式等，以期能为正在创业的企业提供借鉴和坚持的勇气。

第六节　TURN8：连接创新者的桥梁

◾ABOUT

　　在创新的浪潮中，由世界第三港口运营商——阿联酋迪拜世界港口公司发起的 TURN8 于 2013 年成立，总部位于阿拉伯联合酋长国迪拜。TURN8 将颠覆性创新视为企业进步的力量，致力于将全球创新者连接起来，为初创公司企业家、投资者和企业等多方潜在的创新群体提供平台，助推中东和北非地区的创新发展，以期能够成为社会创新的引擎。TURN8 面向创新者主要提供加速器计划、风险投资服务和风险投资基金三类服务。特别的是，TURN8 将风险投资基金分为种子资金和后续基金两部分，采用双重投资策略来帮助初创公司成长和扩大规模。目前，TURN8 已成为中东和北非地区最大的种子基金之一。未来，他们将进一步加强与美国及其他地区的国际联系，继续发展壮大，成为中东和北非地区最强大的初创企业孵化器之一。本章的相关资料引用自 TURN8 官网：https://turn8.co/。

一、搭建创新桥梁

1. 顺应时代的浪潮

　　进入 21 世纪以来，创新创业的浪潮势不可挡，"创新，或变得无关紧要"像是一道时代选择题被抛给了世界各国。答案是明显的，全球各地的政府或企业都在积极探索着"如何创新""如何适应层出不穷的变化"，并进行着实践，迪拜也不例外。在政府和市场等大环境的推动下，2013 年，代表着迪拜创新实践典范的孵化器 TURN8 应运而生。他们寻找国际上早期的创新想法和概念，期望能够通过 TURN8 种子加速器将想法有效孵化，加速将可商业化的想法推向市场，为市场注入新鲜血液。

值得关注的是，TURN8 并不像常见的加速器或孵化器是由私人打造，而是由总部设在迪拜的世界第三港口运营商——阿联酋迪拜世界港口公司（DP World）发起。DP World 推出 TURN8 这项倡议，旨在鼓励区域创新创业精神，培养全球创业和创新文化，期望能够成为社会创新的引擎。集团首席执行官穆罕默德·沙拉夫（Mohamed Sharaf）曾在采访中表示，DP World 坚信创新和技术能够帮助推动企业发展。他们期望通过 TURN8 能够更新阿联酋的创业传统，并在更广泛的社区中推广创业和创新文化。"创建一个成熟的创新中心，并成为中东和北非区域的创新中心"是 TURN8 的愿景。而事实上，通过数年来的投入和发展，TURN8 已然成为中东和北非地区区域创新的领头羊。

2. 连接四方的服务

无论是充满激情的连续创业者、新兴的初创公司，还是风险投资者、来自企业的管理人员，都有可能是挑战现状的变革者。他们期望创新，但时常会遇到困难。例如，据某国际金融公司的调查报告，中东和北非地区近 63% 的微型企业、中小型企业无法获得融资。由此可见，缺乏资金便成了创新路上的一大阻碍。又如，大型企业想要创新但缺乏技术人才等问题。创新的供需双方在信息方面存在的不对称性往往使得许多新想法、新技术无端流失。聚焦这一痛点，TURN8 肩负起"连接全球创新者"的使命，将自身打造成供需之间的桥梁、连接四方的平台。

为连接四方创新者（初创公司、创业者、投资者和企业）的需求，TURN8 打造了三类服务。其一，对于创业者、投资者或企业来说，TURN8 提供帮助企业合作伙伴管理投资计划的服务，以最大限度地提高他们的财务回报；其二，对于创业者和初创公司来说，TURN8 将给予资金扶持，以促进成长；其三，对于初创公司和企业来说，TURN8 可为企业提供与风险投资技术类初创公司建立联系的机会，来帮助企业创新，同时也使得初创公司得到融资，实现双赢。三类服务将各方创新者联通，利用 TURN8 的平台力量实现了互利，有效地推动着创新。

3. 资深首领和顾问团

TURN8 虽由阿联酋迪拜世界港口公司打造，但这并不代表着其不具有专业性。相反，TURN8 的管理合作伙伴皆是"行业老人"、资深专家，其导师顾问团成员们也是来自各领域的专家。

担任 TURN8 风险投资的联合创始人兼首席执行官卡迈勒·哈桑（Kamal Hassan），毕业于旧金山加利福尼亚大学，拥有遗传学研究生文凭，还曾前往哈佛和沃顿商学院进修。在过去的 20 年里，卡迈勒在北美、欧洲和中东的多个企业风险投资基金里任职，帮助全球公司实施创新和企业冒险战略。与此同时，他还投资早期初创公司，个人投资超过 1 亿美元。加入 TURN8 之前，卡迈勒在迪拜还与他人联合创立了孵化器创新 360 和 The Cribb，同时他也是美国多家初创公司的联合创始人。而尤西夫·穆塔瓦（Yusif Mutawa）是 TURN8 另一位合作伙伴，现担任 TURN8 的联合创始人和管理合伙人，拥有美国萨克拉门托加州州立大学电气与电子工程学士学位。在加入 TURN8 之前，他曾担任 DP World 首席信息官长达八年，负责管理其全球 IT 组织，进行创新实践，包括企业风险投资和企业加速器等项目，并领导其内部企业文化进行内部创业转型。他过去的角色还包括阿拉伯联合酋长国第二大电信运营商 Du 的副总裁、迪拜电子政务 IT 主管，以及硅谷一家初创公司的联合创始人等。可见，卡迈勒和尤西夫虽非专业出身，但其职业生涯多围绕风险投资和创业领域进行，创业的实战使得他们积淀了丰富的实操和行业经验。

除了两位管理合伙人外，TURN8 顾问团的力量也十分强大。顾问团成员来自不同的领域和行业，涵盖教育、健康、大数据和人工智能、能源、金融等。他们从事着不同的工作，有资本公司的首席执行官、企业的首席财务官、专注于科技领域的投资者、成功的连续创业者等，具有多样性，是 TURN8 的智库的重要源泉和保障。

4. 现状与愿景

在卡迈勒和尤西夫的领导下，年轻的 TURN8 现已管理着超过 5 亿美元价值的企业。他们已经帮助 30 多个企业合作伙伴实施创新和企业冒险战略，为 100 多名创业者和 120 家初创公司提供孵化和加速服务，已通过多个企业风险投资基金、天使网络或财团向早期初创公司投资 1.5 亿美元以上，并组织了 100 余场企业和企业家技术人员比赛等活动。对于未来，卡迈勒曾在 2016 年的采访中提出，TURN8 希望拥有一个由 500 多家初创公司组成的投资组合，希望组合里的公司能够通过 TURN8 的指导和资助计划得到有效的创新支持。此外，TURN8 将进一步加强与美国及其他地区的国际联系，继续发展壮大，最终成为中东和北非地区最强大的初创企业孵化器之一。

二、"一条龙"式的孵化服务

1. 三阶段加速器计划

TURN8 的服务之一，即为初创公司提供加速服务。TURN8 将为合作的初创公司提供种子资金、工作空间、工作人员、门户网站及应用程序设计、创业指导及各种培训，同时他们将为初创公司提供长达一年的业务开发支持。

整个加速器计划分为三个阶段。项目开始的最初几个月称作第一阶段即成长设计阶段，在该阶段，TURN8 会对创业团队、业务模型和解决方案进行测试分析。测验的同时，初创团队还将接受包含领导力、可规模化商业模式、客户验证及采用、产品开发路线图和团队建设方面的培训，为后续的阶段打牢地基。紧接着，加速器的第二阶段主要进行产品开发，并利用成长记分卡和 TURN8 支持团队吸引客户、开发市场。在加速计划的第三阶段，TURN8 会继续支持初创公司的发展。在路演之后，他们将为创业团队提供为期 12 个月的业务发展支持、融资和创业指导服务。

从创业团队构成、业务模型的建立到测试分析、产品开发，再到投入市场后的发展支持，TURN8 始终陪伴在初创公司左右，专注于对初创公司从种子阶段到规模阶段的滋养，以投资、导师、培训和业务发展支持等方式为创业团队提供必要的指导和相应服务，真正负责地将初创公司孵化为较为成熟的公司，从而吸引风险资本。通过 TURN8 的加速器计划，更多拥有不同创新技术的初创公司也得以在中东和北非地区崛起。例如，服务于中东公路运输行业的货运交换在线平台 Loadme，为人与人之间的现金交易提供便利的点对点（P2P）支付服务的 Kashmi 等。

2. TURN8 创业工作室

除去孵化申请加速器计划的初创公司外，TURN8 还打造了一个创新平台，即 TURN8 创业工作室（TURN8 Venture Studio），以期能够招募有共同志向（有想法，并想发展想法、推出产品）的人一起创建初创公司，用颠覆性技术解决全球问题。TURN8 创业工作室团队在工作中会对行业进行深入研究，并利用广泛的行业专家、企业合作伙伴和投资者网络，支持杰出的创业者。TURN8 创业工作室期望在健康科技、金融科技、运输和物流、SaaS 平台、智能城市、人工智能和物联网领域都能推出变革性公司。

TURN8 创业工作室有一套自己的工作流程，分为四个阶段。在第一个申请阶段，申请者需有一个自己的创新想法或选择加入 TURN8 正在创建中的某一个业务团队。在第二个阶段，在 TURN8 企业工作室的支持下，参与者需要构建产品并进行测试、调整，以获得第一个客户。如若成功获得客户，即业务模式得到验证，则进行第三个阶段——TURN8 创业工作室将与参与者一起创建一个初创公司。第四个阶段，初创公司起步后，TURN8 创业工作室可以利用投资者网络资源为初创公司融资并扩大规模。

三、风险投资集团

1. 目标与内部构成

TURN8 创建和管理风险投资基金集团，投资于创新技术初创公司和创业者，以期能抓住机遇和挑战，创造突破性的解决方案。风险投资基金集团是由来自世界各地的投资者与 TURN8 经验丰富的天使投资人、企业风险投资和风险投资基金组成的封闭网络，各地投资者和 TURN8 共同投资是该风险投资集团的投资方式。特别的是，TURN8 提倡企业员工成为创造者、设计师和创业者，而日常的机械性工作则只需留给无人机和机器人去做。

2. 投资基金概况

自 2013 年建立至 2016 年，三年间便有 60 家初创公司获得了种子资金，TURN8 总共筹集了来自其他风险投资公司的超过 400 万美元的共同投资。2016 年，TURN8 启动新风险投资基金，专注于为机器人、虚拟现实、增强现实和人工智能等领域的技术和创新初创企业提供种子资本，基金总额高达 6 000 万美元。这一新基金的推出使得 TURN8 成为中东和北非地区最大的种子资金提供者之一。

3. 双重投资策略

针对 2016 年推出的新风险投资基金，TURN8 采用双重投资策略。所谓双重，即 TURN8 将基金分为种子基金和后续基金两部分，并分两个阶段投放到初创公司。第一，该基金将为在加速器阶段的初创公司和拥有被证明有价值的产品的早期创业者提供种子资金，金额在 3.5 万~8 万美元。第二，当初创公司从 TURN8 的加速器毕业，TURN8 将为他们提供后续资金以帮助他们发展壮大。后续基金的额度在 15 万~50 万美元。总体来说，该基金对每个初创公司或创业者的投资额度大约在 10 万~50 万美元。

4. 偏好与要求

TURN8 风险投资集团专注于发现可担任年轻 CEO 的创业人才，在选择投资时更关注科技、可再生能源、金融科技、3D 打印和运输领域的 B2B 或 B2C 公司。凡被选中的初创公司和创业者都将收到 TURN8 的种子资金。TURN8 在筛选公司或创业者时也有一定的要求。对于初创公司来说，TURN8 只为拥有最小可行性产品①且该产品能够适应中东和北非地区的市场环境的

---

① 最小可行性产品（Mininmum Uiable Product）是一种刚好可以满足早期用户需求，且能为未来开发提供反馈的产品。

初创公司提供服务。而对于早期创业者来说，TURN8 也倾向于投资已有被市场验证的产品的创业者。此外，TURN8 还希望创始人在他们的创业行业领域拥有至少十年的经验。

四、风险投资服务

风险投资服务是 TURN8 提供的服务之一，主要面向企业、企业家和投资者等。风险投资服务主要包括帮助客户进行企业风险投资基金管理、开设风险投资培训班，以及开展投资研讨会等业务或活动。无论是加速器、风险工作室、孵化器、企业风险资本还是基金，TURN8 都期望通过风险投资服务来帮助客户设计、运营和改造出最适合他们的企业创新模式，并为客户带去更高的投资回报。

1. 企业风投基金管理

TURN8 将企业风投基金管理从"察觉"商机到最终获得"利润"的过程分为七个部分来进行管理。第一，在 TURN8 的帮助下合作伙伴应确定自己的创新策略、投资重心以及风险投资模式。第二，在确定总体方向和风投模式后，合作伙伴应制定相应的体制、机制保障后续业务的运行，形成自身的运营和治理模式。第三，确定交易流程和做好尽职调查。第四，在进行交易后，需要对投资进行管理，并提供相应的支持。第五，TURN8 将关注战略整合和孵化。第六，进行投资组合的管理和支持。第七，TURN8 将对合作伙伴所孵化的技术、商业模式或初创公司进行退出和并购管理。当企业合作伙伴所孵化的业务成功被收购，则完成一轮风险投资基金管理，获得投资利润。

2. 风投服务大师班

关于风险投资服务，TURN8 还打造了一个学习营地，开设风险投资服务大师班。该班是一个为期三天的强化培训研讨会。研讨会形式多样、内容多样，包括对风投工具的讨论学习、与风投专家的交流，以及对该地区领先企业进行实地考察。在三天的强化培训中，客户将学习到如何更好地为公司制定成功的创业战略；如何设计独特的企业创新加速器；如何建立一个风险工作室，将内部 IP 商业化并将创意转化为产品；如何部署企业风险投资基金，并与领先的天使投资网络、风险投资机构等志同道合的公司进行共同投资；如何与开发类似风险模型的领先企业进行基准测试；等等。整个课程强调"如何"实际地去操作，包含了许多 TURN8 独特的工具、方法和经验，干货满满。现已有超过 20 家跨国公司使用 TURN8 的方法来制定他们的企业风险战略、投资初创公司、建立新的附带利益并经营自己的企业加速器和风险投资基金。

第七节　AlphaLab：不仅仅是软件

- ■ABOUT

　　以加速早期技术公司闻名全球的创业加速器 AlphaLab，由 Innovation Works 创办，关注软件领域的创新，旨在促进匹兹堡地区各大创新型技术公司快速有效启动，使匹兹堡发展成为全球的技术枢纽。孪生项目 AlphaLab Gear 专注硬件领域的创新，以更加全面的视角帮助初创公司实现梦想。AlphaLab 拥有丰富的资源，导师制的指导课程为创始人提供了有建设性的意见，个性化的班组安排保证了一对一的咨询辅导。除此之外，法律咨询、会计服务、共享空间等全方位的服务助力创始人发展并壮大自己的业务范围。本章的相关资料引用自 AlphaLab 官网：https://alphalab.org/。

一、源自创新工厂

1. Innovation Works

Innovation Works 于 2008 年成立了 AlphaLab，以加速匹兹堡地区新兴技术公司的发展。AlphaLab 是一项全球排名靠前的软件加速器，旨在通过资金投入来帮助早期阶段的软件公司。初创公司可以在沉浸式的 4 个月计划中寻求和构建发展的最佳方法。作为全球加速器网络的注册会员，也是全球前十个加速器计划之一，AlphaLab 已投资并与 120 家公司合作，其中包括 12 家被收购的公司。技术公司将与 Innovation Works 的专业团队一起工作，团队包括了首席执行官、技术行业资深人士等，该团队与数千家创业公司合作，同时也与全国各地的投资者建立了联系。Innovation Works 是美国宾夕法尼亚州西南地区最大的种子期投资者，也是美国最活跃的种子期投资者之一，致力于为整个匹兹堡地区的增长型技术企业家提供服务，以创造就业机会和财富，并促进该地区创业社区蓬勃发展。它的产品组合涵盖了匹兹堡地区的主要实力领域，包括机器人技术、人工智能、医疗设备、零售技术、企业软件等。其中一些知名度高且发展迅速的投资组合公司包括 4Moms、Wombat Security、Bossa Nova Robotics、JazzHR、ALung Technologies、Civic Science、Vivisimo（被 IBM 收购）、Modcloth（被 WalMart 收购）和 NoWait（被 Yelp 收购）。Innovation Works 为有任何想法和处于任何阶段的技术公司提供支持，帮助寻找公司发展所需的资源，以及提供坚持发展所需要的资金。自 1999 年年底创立种子基金以来，Innovatin Works 已向 300 多家公司投资了 7 000 万美元，包括 ModCloth、4Moms、Civic Science、ShowClix、NoWait 和 Shoefitr，这些公司已从全国投资者那里筹集了超过 20 亿美元。Innovation Works 重视其计划的多样性，鼓励妇女、少数民族、残障人士和退伍军人提交申请或商业计划，并对其优先考虑。

2. 匹兹堡：支持的生态系统

AlphaLab 是一项国家级创业加速器，总部位于美国宾夕法尼亚州匹兹堡，具体位置位于匹兹堡的东自由区附近。AlphaLab 定期在该地区举行企业家精神和技术活动，方便了创始人之间进行联系，这可以帮助技术公司将业务提升到一个新的水平。匹兹堡在过去的几十年，伴随着各种高新技术项目的出现，已转变成为高科技枢纽，这里既有创新型初创公司，也有技术巨头。对于早期的技术公司而言，匹兹堡无疑是启动和发展技术公司的最佳场所。匹兹堡也逐渐朝着构建完整的生态系统方向发展。通过比较人均高校、人均图书馆、教育程度、人均媒体、人均博物馆以及公立学校等级六个标准，匹兹堡被评为美国"最聪明"的十大城市。匹兹堡在人均高校标准中排名第一，这不仅代表有众多正在接受教育的学生，同时也代表知识的传承，公众通过免费研讨会等社区项目看到了大学的好处，正如智慧城市需要专注于教育和探索领域，创新企业也少不了知识的涵养。

二、加速项目

1. 值得一提的软件

AlphaLab 重点关注软件领域，帮助创新型技术公司快速有效启动，为早期的软件技术公司提供广泛的指导者网络、与行业领导者举办教育会议，以及多样的企业家工作环境。在产品、网络、客户获取以及筹款/财务等领域提供支持、指导和专业知识，以帮助技术公司快速找到建立和发展公司的最佳方法。该加速器项目会给出 2.5 万~5 万美元的投资，以技术公司 2.5%~4% 的股权作为交换。与此同时，加速器提供为期四个月的计划，课程内容涵盖了从评估客户真实性到融资的所有主题，注重团队队伍建设，从而帮助建立最佳的技术公司。AlphaLab 安排了企业家、技术人员以及投资者对技术公司提供指导，他们具备充足的经验，已经开发并推出了产品，募集了资金，并与制造和分销合作伙伴进行了谈判。另外，技术公司还有机会从 Innovation Works 种子基金筹集高达 60 万美元的后续资金。AlphaLab 在北美顶级种子加速器排名项目中始终保持前列。排名是基于 AlphaLab 公司的几个指标，包括收入、后续资金、收购以及校友对计划的满意度。

2. 不容小觑的硬件

作为 AlphaLab 的姐妹加速项目，AlphaLab Gear 专注于硬件领域，是美国宾夕法尼亚州匹兹堡国家级硬件加速器，为早期的物理产品公司提供为期 30 周的计划指导和资金支持。该计划为初创公司提供资金、办公空间、课程培训、客户资源以及行业专家的指导。AlphaLab Gear 的设计完全是针对硬件初创公司的需求。AlphaLab Gear 的加速时间、小班教学规模和动手实践性的编程设计，都是旨在为公司的硬件启动提供注意力和帮助，使其在产品和客户吸引力方面均取得重大进展。计划结束之后，AlphaLab 还提供了一个可选择的八周的针对制造的个性化模块，鼓励和支持种子期的客户参与进来，帮助公司从最初的想法或原型，不断完善、发展，从可靠的规模以及用户愿意支付的价格方面考虑来构建公司的产品，通过大规模生产来满足用户需求。

指导者网络是 AlphaLab Gear 计划最有价值的方面之一，公司有机会在聚会、演讲或个人介绍中与导师一对一会面。导师能够为公司提供有针对性的行业指导，以及战略和战术指导。AlphaLab Gear、AlphaLab 和 Innovation Works 共同享有由 300 多家公司组成的广泛的校友网络，其中许多公司与加速中的初创公司保持着联系，并为其提供专业知识和指导。

三、特色活动

1. 匹兹堡硬件杯

由 Solidworks、Innovation Works 和 AlphaLab Gear 联合举办的国际性竞赛——硬件杯（Hardware Cup）是专门针对早期硬件初创公司的竞赛，要求公司至少有一种物理产品。早期的硬件杯巡回赛在美国 6 个地区进行：匹兹堡、波士顿、华盛顿特区、芝加哥、三角科技园（北卡罗来纳）和圣何塞举行。2021 年的硬件杯则采用了全新的形式：比赛按行业进行划分，垂直行业包括人工智能/机器人技术、生命科学、清洁技术、消费产品、智能家居/联网设备以及智能城市/自动驾驶汽车，技术公司只能申请一个行业进行参赛。比赛流程为：从每个行业的垂直领域选出 6 支队伍参加半决赛，每个团队的演讲时间为 3 分钟，接着是大约 3 分钟的问答环节，评审团根据各公司的现场汇报情况进行询问，其中评审团由风险投资人和投资者组成。来自各个垂直领域的获胜公司、评委选择的决赛的入围者将参加在线硬件杯国际总决赛活动。AlphaLab Gear 向硬件杯国际总决赛的获胜者颁发 50 000 美元的现金奖励，第二名将获得 5 000 美元，第三名将获得 3 000 美元。此外，每个垂直行业的决赛入围者还将获得 3 000 美元的奖金，所有准决赛者都将获得为期一年的 Solidworks 3D Experience 平台使用许可。此外，所有决赛入围者都将与来自全世界各地的顶级硬件投资者一起，在网上参与人工智能机器人相关的私人投资活动。

2. 国际战场的"炮火"

为了将硬件杯打造成一项国际性的竞赛，AlphaLab Gear 积极地在全球寻找合适的国际合作伙伴。在综合考虑地理位置、经济实力、政治文化背景等因素后，最终选取中国深圳、西非尼日利亚、韩国首尔和日本京都作为匹兹堡之外的比赛城市。中国的硬件杯是由 Y&Archer 旗下的 A-Stream 所举办的，A-Stream 成立于 2017 年，核心业务是举办亚洲创业会议，聚集了具有前景的创业公司、投资者以及创新者。在西非尼日利亚，主要通过一个非营利性组织——ITCore 人才发展计划，满足那些地区偏远、不能得到帮助的创业群体的需求，以确保尼日利亚包容性人才的发展。通过进步的、可扩展和可持续的方式促进杰出的信息技术技能的开发，以满足尼日利亚贫困人口的需求。ITCore 人才发展计划与 AlphaLab Gear 合作，在尼日利亚举办了首次硬件杯比赛，并持续举办了下去。ITCore 人才发展计划与印度国家信息技术学院（NIIT）、亚洲和非洲最大的信息通信技术培训公司，以及世界排名前 20 的信息通信技术公司中的一家公司建立了特许经营伙伴关系，目的是培养尼日利亚在前沿技术和创新方面的劳动力，以解决日常的技术问题。上述 4 个城市的比赛获胜者将有机会与来自美国 6 个地方的决赛选手共同参加在美国匹兹堡举行的决赛，共同竞争 5 万美元的大奖。

四、丰富的资源定制化服务

1. 校友网络

AlphaLab 成立于 2008 年，通过与加速的早期技术公司建立后续联系，已经建立了广泛的校友网络。在加速器项目结束之后，早期的技术公司将作为 AlphaLab 的校友，加入校友网络中。AlphaLab 的校友网络运行良好。各技术公司不仅与后续加入的校友公司一直保持联系并分享机会，还与 Innovation Works 种子基金和后续基金保持联系。校友网络旨在为各技术公司提供专业的知识和实践性经验，比如大量指导性课程和一对一的指导。校友网络中涵盖了几家起源于 AlphaLab 的高成长型初创公司：Jazz（以前称为 The Resumator）、NoWait、Shoefitr、SolePower、BlackLocus、The Zebra 和 Ikos。作为 AlphaLab 计划的一部分，网络、校友和社区是 AlphaLab 最有价值的资源之一，根据技术公司发展和扩张的特定需求，AlphaLab 将创始人与合适的企业家联系起来，并始终坚信社区协作和奉献精神是 AlphaLab 公司一笔巨大的财富。从 AlphaLab 毕业的校友也在地方和国家层面上做了许多很棒的事情，他们创立了其他公司，在 Birchbox、Google 和 Amazon 等公司担任领导职务，并已成为 AlphaLab 创业生态系统的领导者，为初创企业做出了巨大贡献。

2. 导师资源

AlphaLab 拥有全球最全面和最优质的导师资源，旗下的导师网络是 AlphaLab 计划中最具价值的方面之一。导师由匹兹堡地区及其他地区的一些顶级创始人、投资者和行业专家构成，他们大多已经建立起自己的业务，有的足够成功并已退出公司，只关注如何更好地帮助早期的技术公司进入市场。还包括最近帮助解决 AlphaLab 公司挑战的创始人（其中许多是 AlphaLab 校友）、个人和机构投资者，以及医疗保健、金融服务和零售等多个领域的公司合作伙伴的高管。初创公司可以通过各种方式与导师会面并互动。一般而言，AlphaLab 会组织 5~8 人进行会谈，以此来确保创始人在聚会、演讲或个人介绍时，有机会与导师进行一对一的会面。导师能够为初创公司提供与公司当前阶段和目标相一致的相关战略和战术指导。在此过程中，创始人的人脉网络扩张速度和深度要远远超过其自身企业发展的要求。

3. 全方位服务

AlphaLab 考虑了公司发展过程中可能需要的一切帮助。在法律服务方面，AlphaLab 通过与 Innovation Works 达成的独家协议，与匹兹堡律师事务所 Cohen&Grigsby 联合推出 AlphaLaw 计划，使匹兹堡地区的科技初创公司能够启动并为快速增长做好准备，而不会产生大量的法律相关费用。参与该计划的 AlphaLab 公司将有资格从公司那里获得免费的法律服务和文件，其中包括免费的公司注册套餐，如公司注册证书、限制性股票购买协议、股东协议、所有权协议。在会计方面，AlphaLab 联合 Sisterson&Co.，可以给资金周转困难的技术公司提供免费或者一定折扣的会计和税收服务。同时，初创公司不需要担心公司实习生的招聘问题，通过与当地大学、CMU、Pitt、Duquesne 等平台合作，初创公司可以找到想要的实习生。通过 AlphaLab 的全球加速器网络会员资格，任何初创公司在寻找其必不可少的产品和服务（如 Amazon Web Services、Apple、Foundersuite 和 ZipCar）时都可享受会员折扣。AlphaLab 公司占地 5 000 平方英尺（约为 465 平方米），设施包括每个公司的单独办公室、开放的工作或合作空间、用于大型以及私人会议的会议室，另外还提供一般的办公用品、基本家具等。为了营造温馨、和谐、融洽的办公空间，厨房放满了咖啡、苏打水和小吃，每周还会订购两次午餐，以保证交流的持续性。2007 年，AlphaLab 成立了匹兹堡开放咖啡俱乐部（Open Coffee Club Pittsburgh），旨在创建一个线下的聚会点，让创业者、开发人员、设计师和投资者可以在非正式、非结构化的环境中聊天和建立联系。

4. 个性化定制

为了保证加速效果，AlphaLab 一次只接纳 6~8 个初创公司，这与其他加速器之间存在很大的不同，这样做的目的是确保技术公司和公司的联合创始人会得到实际的关注和定制化的帮助。考虑到每个初创公司在公司背景、架构、资金以及战略等方面存在不同，AlphaLab 以个性化作为提供加速项目的出发点和落脚点，依托丰富的导师资源、紧密联系的校友网络、独到的法律服务、会计支持、税收服务、开放式的办公空间等，寻求个性化关注与同伴利益之间的平衡。AlphaLab 以精益启动为原则，关注公司的快速迭代，敦促公司利用客户反馈快速有效地测试其概念，从而将"构建、衡量、学习"内化到公司的 DNA 中，这对于制造客户关心和喜爱的产品至关重要。AlphaLab 将其服务扩展到产品领域之外，应用于业务模型、营销信息和投资者平台，并通过市场互动来不断改进。

结语：
如何打造高水平的孵化器

"创新创业"这个词早已活跃在全球各个领域和行业，在这样的时代背景下，孵化器应运而生。在本书的定义中，孵化器是一个有形的商业和创新中心，旨在通过支持初创公司、中小企业，以及他们的业务发展来实现经济发展。从前文的案例和相关陈述中，我们可以具体地感受到孵化器的商业性、创新性、多元化、共享性和专业性，认识到孵化器的实质是一个将创新要素、创新主体、创新协同、创新动能和创新支撑五个部分有效联通融合的创新生态。在这一创新生态中，各主体和各类资源的连接都是有逻辑的。在科技金融、创新服务、政策支持、创新载体、中介组织和创新氛围的支撑下，政策、市场和发展现状等创新动能推动着各创新主体根据各自拥有的人才、资本、技术和信息等创新要素进行创新协同，活跃创新氛围、创造丰富的创新成果、促进创新企业成长和创新能力的提升，最终实现创新生态发展。可以看出，这是一个需要多方协同的事业，同时也能够使多方受益。因此，孵化器及其所带来的各部分的环环相扣的流程，就像一个无形的永动机，形成了一个良性的创新生态系统。

通过对20个国际领先孵化器的介绍，我们可以发现，每一个孵化器都各具特色，但它们通常都会采用以下几种机制。一是提供加速课程计划，每一个孵化器都会为初创公司提供自己的加速项目。有的孵化器按照创业阶段来划分加速计划,如智利的 SUP 的种子计划和进阶计划;有的则分赛道行业建立加速器体系,如强调与企业协作的 Wayra、遍布全球的 500 star-tups;有的孵化器小而精,它们专注于为初创公司提供周全的创业服务,其自身便就可以看作是一个加速器,如 AngelPad;还有一些孵化器推出特色的加速器项目,专注于女性或非洲裔创业。二是实行导师制,不论是"一对一"导师制,还是多次指导形式,每一个孵化器都有自己的导师网。有的孵化器的导师团队直接由往届营员、校友组成,有的则是由孵化器的创始团队成员和受邀的有经验的连续创业者、投资人组成。其中,重视导师制的孵化器在邀请导师的时候就会确保导师有足够的精力和时间来辅导创业团队创业。三是举办演示日(demo day),一些孵化器会定期举办演示日,有的孵化器的加速项目的最后一个环节都是演示日。有一些孵化器"放弃了"演示日,如 Amplify. LA,但实际上它们只是将"一对多"的方式转换成更有针对性的"一对一",本质上也是将投资组合公司与投资人连接起来的一种方式。四是采取盈利模式,虽然孵化器并不一定是营利性组织,但大多数孵化器都还是有一个盈利模式。通常,孵化器会采用投资、持有股权、保留后续投资中的折价权等形式实现盈利。例如,Techstars 为入驻的初创公司提供第一笔启动资金(种子资金)和一系列的服务,但这要求初创公司给予孵化器一定份额的股份,与此同时还要求在后续融资中享有优惠占股的权益。

孵化器这一经济形式出现的最大受益者当数初创公司。首先,就孵化器为初创公司提供的服务而言,一般性的服务包括空间和设施提供、法律和财务支持、网络技术支持、业务顾问服务、融资支持、人力资源服务等。其中业务顾问支持涵盖"产生一个想法"到"商业模式市场变现"的整个创业过程,大多以导师制和提供加速课程计划的形式实现服务;而融资支持则包括共享战略合作伙伴、天使投资人的关系,提供初始资金等,这一服务主要通过演示日、创投晚宴等形式实现。除此之外,有一些孵化器还提供人力资源服务,例如俄罗斯的 IIDF 就专门打造了 Cofoundit 网站,同时面向求职者和初创公司，为初创公司寻找最适合的员工。其次，就如前面章节所讲，共享性是孵化器的一大特性。孵化器连接了创业者、投资者、导师学者和大学研究机构等多方创新主体。各个主体的背后都附带着各种资源和创新要素，如新产品构思、人才、资金等。因此，孵化器将创新主体联结的同时，也将资源信息整合在了一起，主体之间的信息沟通和传递更为有效，创新创业的效率得到了提高。总的来说，在孵化器中，通过提供工作空间和其他服务，可以降低创业团队的风险和成本，提高他们的效率；通过将创新主体汇聚在一起，可以减少各方信息不对称，提高合作的可能性；创投圈的社会关系、创业氛围等"软性"资源的整合共享可以帮助创业者节省时间，避免走弯路，提高创业成功率。

紧跟创新创业的旗帜，各类特色鲜明的孵化器在全球各地层出不穷。从前面的 20 个案例中也可以看出，不少国家或地区政府也支持和引导着孵化器及整个创新生态的构建。创新创业的繁荣发展提高了对孵化器的要求，高国际化、高成熟度、高专业化、高定制化和开放性是创新者们对孵化器的期待。那么，如何打造高水平的孵化器是当下面临的问题。

如果我们想要帮助创业者，创办孵化器是很好的选择。这也是一件令人兴奋的事，在充满热情和冲劲的创业者中，做着帮助他们实现自己梦想的工作是具有吸引力的。但是，当我们决定建立孵化器、成为护梦人之时，我们自身也就成了一个造梦者。而创业路途总是布满荆棘，和其他任何初创公司一样，良好地运行一个孵化器是困难的。如何使我们的孵化器在众多孵化器中脱颖而出、如何打造高水平的孵化器成为我们需要思考的问题。本节，我们将基于前文对二十个案例的学习和探讨，向致力于打造孵化器、加速器、共创空间等类似经济组织形式的创业者们给予提醒，尝试给出具有可操作性的建议。

第一，具有独特的价值主张。现在，企业孵化器和加速器已经变得越来越普遍，而创业者的心中往往都有一个侧重。比如，一个相较于资金支持更追求导师辅导的创业者，他一定会选择导师资源丰富且机制成熟的孵化器；一个已经有了产品原型的初创公司，更期待寻找一个在开拓市场方面实力强劲的孵化器。由此可以看出，差异化才是孵化器的核心竞争力，如何做到与其他孵化器区分开来是打造孵化器的重要挑战。专注于一个明确的目标客户群体对任何企业都是很好的建议，孵化器也不例外。如果你试图去帮助太多的不同类型的初创公司，去创建多种满足他们不同需求的服务的话，往往很难实现高专业度。你可以专注于创业的某一阶段，例如孵化想法、首轮融资等阶段；你也可以专注于某一赛道，如 AngelPad 专注于科技领域。因此，我们建议一个高水平的孵化器要具有独特的价值主张，可以选择按行业、增长阶段、共享利益、共享文化、共享商业区等领域来加深专业化程度。

第二，树立良好的信誉是孵化器持续发展的动力。信誉是企业希望加入孵化器的最重要因素，但信誉往往需要时间才能建立起来。在孵化器建立之初，联合创始人的个人经历对孵化器信誉的树立是很重要的。目前，全球高水平的孵化器的大多数创始人曾经都是成功的企业家或连续创业者。他们了解创业的全过程，亲自经历过从迸发想法、打造商业逻辑、集资、咨询顾问和进行媒体公关等创业相关事件，踩过创业途中经常出现的"坑"。例如，Y Combinator 的创始人保罗·格雷厄姆、Amplify. LA 的保罗·布里柯和 Techstars 的马克·苏斯特都是成功的连续创业者。作为过来人的他们知道如何建立一个好的管理团队，以及如何为初创公司提供他们切实所需的服务。而通常，这样一些企业家在创投圈早已形成了自己独特的IP，IP 的背后往往伴随着一群信赖你、崇拜你的追随者。当他们来创办一家孵化器时，该孵化器的信誉在创业者心中一定程度上便有了担保。但仅仅依靠创始人的个人信誉是不够的，一个年轻的孵化器还需打造一套完备的机制和创业服务工具，以确保最先入驻的初创公司的孵化质量。总的来说，信誉、声誉和理解都需要漫长的时间和成绩来建立，在运营初期，年轻孵化器可能难以实现高市场占有率和高市场认可度，但绝不能因为利益而丢失信誉。良好信誉的建立将是高水平孵化器重要的财富。

第三，具备坚实的商业计划和现金。与其他任何公司一样，孵化器也需要一个坚实的商业计划和现金，以保证在缓慢发展时期（特别是建立初期）也能良好地运营。起初，孵化器可能从政府、大学或天使投资人等渠道积累资金池，但这些资金通常不足以维持孵化器长期的运营。因此，高水平的孵化器需要有一套坚实的商业计划。依附于伯克利大学的 SkyDeck 自身便具有吸引各方创新主体的能力，基金资本等会自己找上门来，因此该孵化器不用过于担心资金链的断裂。而其他自主创办的孵化器就如上一节所说，往往都有一个盈利模式。孵化器可以采用多种方式运作资本。例如，将最初积累的资金作为初创公司的种子资金，但给予的同时持有一定份额的公司股份。在后期，当业务走上正轨，孵化器还可以成立自己的基金会，更好地连接天使投资人和有潜力的初创公司，为维持和发展储备资金。

第四，定义孵化器的潜在额外活动。孵化器可以专注于为初创公司提供基础的空间、顾问和后勤服务，但也可以扩展自己的业务范围。在前面的章节，我们讨论了 20 个全球领先的孵化器，它们都不只是单纯提供服务。一般，孵化器可以选择孵化的重点公司进行创业投资，形成自己的投资组合。此外，孵化器还可以考虑接管正在孵化的、有潜力的现有初创公司，进行合并或收购。另外，孵化器还可以建立自己的加速课程体系，邀请初创公司加入课程计划或额外的加速计划中。通常，高水平的孵化器都会涉及创业投资和启动加速的业务。

第五，确定和确保利益相关者的安全。利益相关者是组织外部环境中受组织决策、组织行动、组织目标实现影响的任何个人、团体和组织。虽然每个孵化器的情况都是独一无二的，但预期的利益相关者可能包括政府以及有兴趣促进该区域新业务发展的各种公共和私营部门组织（大学、大公司）。利益相关者可能还包括经济发展组织，这些组织可以资助设施的修复，以及支持孵化器计划的运作。这些利益相关者的支持对于启动孵化器计划至关重要。与此同时，孵化器的潜在支持者有着不同的动机和期望，他们对企业孵化的目的和方法的理解程度将大不相同。因此，高水平的孵化器需要确定利益相关者，然后培养利益相关者。

要确保潜在利益相关者做出承诺，这些利益相关者拥有最强的利益，最有可能提供财政支持。一旦股东承诺参与该项目，组织结构就需要正规化。理事机构（通常是董事会）为维护、建设和加强对孵化器计划的承诺提供了组织工具。

董事会的任务之一是让有关各方同意明确阐明孵化器的任务和目标。这种对孵化器目标的阐述有助于利益攸关方达成共识。经验表明，未能就使命和目标达成共识的孵化器会招致麻烦，因为团队成员们会各自创建自己的使命宣言，并可能采取与组织目标相背离的相应行动。

孵化器管理者应扩大有效利益相关者的数量。只要新股东有实实在在的贡献，就应该欢迎他们。另外，允许入驻孵化器的创业者在董事会任职可能会造成利益冲突，因此应根据成本效益来评估其在董事会中的参与程度。此外，孵化器管理者必须对外部条件保持敏感，这可能加强或削弱利益相关者对孵化企业的承诺。

第六，**明确拥有的资源**。创业者往往是在了解孵化器在资源、服务和成本等方面所能提供的内容后，才会做出选择。孵化器应在被创业者了解之前，首先清楚自己的资源和特色。资金是重要的创新因素，但请不要只关注可为初创公司提供的启动资金的多少，因为许多伟大的孵化器在经验、人才、投资者等方面提供的资源价值远远高于金钱。创业者也并非唯利是图。斯坦福大学的校园孵化器 Cardinal Ventures 的创始人们曾整理了一份孵化器关键资源清单，包括一笔小额拨款让公司运转、来自专家投资者和运营商的指导和建议、一个志同道合的学生企业家的支持社区，以及获得进一步的资金和投资者联系。类似地，我们认为以下是你可以思考的几件事情。

·导师：他们有多少经验？他们的社交网络具有影响力吗？导师的经验和人脉网络主要集中在什么行业？

·投资者：是否有投资者对你的项目感兴趣？你与投资者是否存在合作伙伴关系？投资者的人脉和资源主要集中在什么行业？

·加速计划/课程：你的加速计划/课程区别于其他孵化器的亮点是什么？你的加速计划/课程体系是否完善？是否具有吸引力？你能实现培训、实践课程和指导之间的平衡吗？

·高校/校友资源：是否有可以倚靠的学校资源？是否已经积攒了一定的校友资源？校友中是否已有可以做标的的 IP？

·政府支持：孵化器是否得到地方政府的支持？政府是否对创新创业提供扶持和优惠政策？政府是否有投资意向？

·位置：孵化器位于何处？其位置是否在获得投资资本或其他资源方面提供了好处？您是否能够从此位置发展业务？这样的择址能为哪些创新主体带来便利？

我们明白，每一个孵化器都有自己的创立背景和属性，有的是企业孵化器，有的是高校孵化器，有的是私人孵化器。它们之间存在一定的差异，所服务的对象、拥有的资源以及整体的愿景定有所不同。但所有的孵化器一定都有着一个相同的且最核心的目标，便是"助力有潜力的初创公司，繁荣创新创业事业"。因此，本节侧重总结提炼出一些普遍适用于各类型孵化器的共性建议，供想要打造高水平孵化器的创新者们借鉴。总的来说，打造高水平的孵化器的核心是创建一个创新生态系统。因此，如何有效地将各个创新主体、利益相关者及其资源整合起来是孵化器持续努力的方向。唯有将一系列资源进行恰当的分配和放置，脚踏实地办实事，孵化器才能够促进创新因素之间的流通和整合，孕育出新兴的商业形式或产品，从而推进创新创业事业和经济的发展。